U0055585
奇異果文創
奇思異想之果
溫柔革命閱讀

奇異果
文創
奇思異想之果
溫柔革命閱讀

小王子的幸福餐桌

contents

小王子的愛情濃湯 & 熱飲站

小王子的幸福主食 & 輕食區

序：小王子的幸福餐桌

關於安東尼．聖修伯里，關於小王子。我想，許多讀者或許都比我瞭若指掌。十多年前，我初讀《小王子》時，看到一項調查，發現此書在全世界閱讀率僅次於聖經和可蘭經，可見其受歡迎的程度。

也因為非常喜愛《小王子》，我構想了這本心靈輕食。當和總編輯定綱、之韻開會討論時，他們給予我異國輕食的建議，像是法國、地中海食譜，我開始想著地中海那豐沛的陽光、蔚藍的海洋，我想著那有橄欖油、甜椒、番茄、堅果……的料理，我想起法國的浪漫、優雅，想起法國的玫瑰與點心……，於是，這本書就誕生了。

這不是一本純粹的異國食譜而已。這是一本關於小王子，關於愛、自由、純真、希望的心靈食譜。至於，小王子為什麼會和食物有關聯呢？這，全是因為我的生活我的工作總能和食物有所連結。過去，我編過寫過數十本關於健康保健的食譜，戮力帶給大眾健康、營養常識，大多都是知性而實用的工具書。而這本書，我希望帶給大眾耳目一新的感受，將吃提升到更高的一種層次，不啻是甜美可口的食物、健康營養常識，還是自己下廚的辛苦與甜美歷程，心靈豐饒的滋味，品味的擢升。

我自認不是一個廚藝精湛的人，卻自詡對可口與不可口的食物卻有相當高的敏銳度，不敢自豪為老饕，不過我對吃的挑剔，讓我建立一套對食物的品味與哲學。為了這本書，我也親自試驗了許多西點、餅乾。我從中體會出，自己做蛋糕、餅乾，可以完全掌握食材內容的安心與成就感。當我看著可愛的熊貓餅乾與嚐起來天然可口的杯子蛋糕完成，讓我酩酊於生活中的「小確幸」原來可以讓一個人可以不畏懼任何困難與麻煩。

《小王子》清新、純真而無贅字的文字語言，蘊含著豐富的人生啟示與哲理，他每拜訪一個星球，就開拓了人生的視野與經驗。而我冀望小王子還能帶給讀者更多迥然不同的感動與新奇感。為此，我用童話、心靈成長、愛情、幸福四個主題，並搭配地中海型飲食，除了點心類和調酒，幾乎都符合「高纖、高鈣、抗氧化」的特點，除了讓讀者吃得健康，也讓讀者的心靈汲取到營養。

我衷心希望，這三十二篇文章與三十二道輕食，能陪你度過人生中最美好的時光，又或者，在你遇到任何挫折與苦痛時，是療癒你心靈的最佳良方。現在，請你翻開本書，讓視覺與味覺共譜芳香雋永的生命滋味，讓小王子陪你舞出舌尖上的幸福！

小王子的童話點心 & 蛋糕屋

小王子是孩子與大人的童話，

你是否準備好讓想像力乘上時光機，

穿越過去，讓小王子帶領我們走向大文豪普魯斯特、大畫家高更的世界，

小王子也讓唇齒之間留著薰衣草香、椰奶香、可可粉香，

而你，是否也想和熊貓圓仔花一起展開法國村的味覺之旅呢？

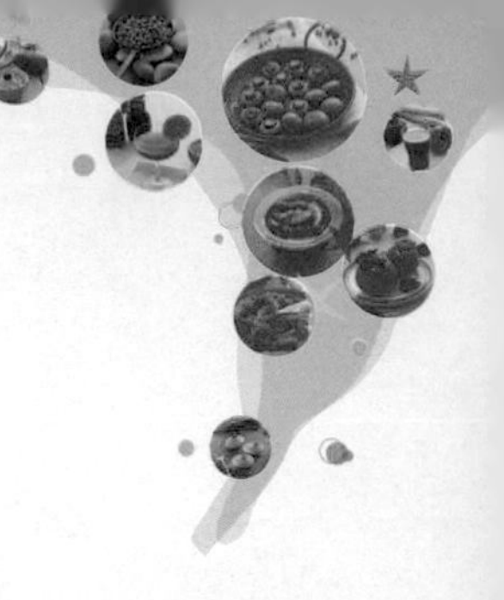

在咖啡館遇見小王子和普魯斯特

那個酷寒的冬天，妳進入了沉睡的狀態，沒事的時候，可以一天睡上十二至十六個小時，如法國大文豪普魯斯特的所言，進入了所謂的「鉛睡」狀態。

某個睡到午后三點的時光，妳踅進附近的巷子，發現常光顧的自助餐廳、小館子都進入休息狀態，便走入了咖啡館。

冬天很酗甜點與童話，於是妳點了水果鬆餅，還有一杯維也納咖啡。肚子並不餓，水果鬆餅才嚐了一半，妳就從背包拿出還未看完的《小王子》。一定是腦子甦醒了，潛意識還沒醒，妳想。在似夢似真之間，妳看見燈影熠熠的氛圍下，映出如明信片般停格的畫面—書皮上栩栩如生的小王子及一個高大的男人正在對桌喝咖啡，而那高大男人正是妳想像中的大文豪普魯斯特。

妳豎起耳朵傾聽，他們正在說著妳心底的，埋藏已久的心音。

「救救我，我有一朵心愛的玫瑰花，她的花期是短暫的，她只有四根刺能保護自己，而我竟讓她一個人待在星球上。」

「不要將愛情寄望在無期限的存在上。」

「無期限的存在是什麼？」

「是我們說的永恆，用白話一點來說就是永遠的愛情。」

「誰不希望和心愛的人永遠在一起？」

「愛情的永遠並不一定是擁有對方一生一世。」

「你和那些大人一樣，你一定沒愛過人才這麼說。」

「不，愛情曾經給予我無與倫比的快樂，我記得我曾經這麼幸福滿溢的愛戀一個人，我還記得當她要步行帕爾馬公主家赴午宴，當我看到她從家裡出來，穿一條粉紅

色的緞子連衣裙，衣裙上方露出相同色彩的臉蛋，猶如夕陽下的一片彩雲，這時候，我看見聖日爾曼區的所有快樂都呈現在我眼前，集中在她的矮小身軀下，就像集中在一只貝殼裡，夾在玫瑰色珍珠層那發光的殼瓣中間那樣……。（註１）」

「我能體會，就像我那朵獨一無二的玫瑰，曾讓我獲得了全宇宙的快樂。」

「如果那滿溢的快樂與感動就能等於一瞬間的永恆。」

「但我感傷的是，離開我那朵玫瑰後，以後我將永遠失去她！」

「你精神上不會失去她的，這就像你在物質上占有一樣東西，如果沒有想像力使它在遙遠的海邊晃動，而是讓它靜止地待在身邊，那麼，它對我們常是一朵可憐的玫瑰花，在它面前，我寧願閉上雙眼，以便看不到花瓣的某個瑕點，以便相信自己在海灘上呼吸……。（註２）

「那麼，即使玫瑰花不在我身邊，我仍然可以永恆的懷念和她相處的那美好的片段嗎？」

「當然，來，嚐嚐這裡的馬德蓮糕點吧！是我最愛的點心。」

「濃濃的雞蛋牛奶香，好像還加了點蜂蜜，好像愛情的滋味。」

妳看著小王子吃得嘴邊都沾滿餅屑的神情，好可愛的模樣，而大文豪普魯斯特正悠閒的啜飲著咖啡。忍不住想走過去和他們一起分享這份心靈糕點，但奇妙的是，妳一走近，這倆人就像變魔術般消失了。

妳悵然若失的回到座位，留下了還未喝完的咖啡，妳走到櫃台向服務人員說：「我要外帶一份馬德蓮糕點。」

回家邊品嚐，邊享受有普魯斯特與小王子氛圍的糕點應該也很幸福吧！

註1：擷自普魯斯特《追憶似水年華》。

註2：擷自普魯斯特《追憶似水年華》。

蜂蜜優格馬德蓮

材料：

無鹽奶油 —— 60 公克
蛋 —— 1 個
原味優格 —— 50 公克
低筋麵粉 —— 100 公克
泡打粉 —— 3～5 公克

調味料：

蜂蜜 —— 30 公克
砂糖 —— 30 公克

作法：

1. 將奶油隔水加熱融化，並且保持液狀，並將烤箱預熱至 180℃。
2. 將蛋放入鋼碗中，用打蛋器打散，接著加入砂糖與蜂蜜，再以打蛋器打勻。
3. 加入原味優格，用打蛋器快速攪拌均勻。
4. 低筋麵粉與泡打粉混合，過篩，再加入作法 3，拌勻。
5. 作法 4 加入融化的奶油，拌勻。
6. 準備一模型，在模型上薄薄塗一層奶油，並將作法 5 倒入模型中，放入 180℃的烤箱烤 10～15 分鐘。
7. 烤好後，可先用竹籤戳刺中央，如果沒沾黏，表示已經烤好，自模型中取出即可。

TIPS：

1. 馬德蓮蛋糕的貝殼模具，可在原料行購買，若沒模具，也可以用小碗代替。
2. 可以依自己的喜好，做成檸檬蜂蜜瑪德蓮、巧克力蜂蜜瑪德蓮、生薑蜂蜜馬德蓮。

小王子的幸福廚房

馬德蓮貝殼蛋糕（Madeleines）是法國傳統小蛋糕，在法國大文豪普魯斯特著名小說《追憶似水年華》中，常常提到馬德蓮蛋糕的名字。普魯斯特還提過他在姑媽家喝的椴花茶裡浸有馬德蓮的香氣。相信很多讀者還沒喝過椴花茶吧？台灣的大型賣場有販賣喔！想嚐試的讀者，不妨買回來試試。

看不見的薰衣草森林

早晨，陽光薄薄的，雲淡淡的，風柔柔的，像是一日美好的序曲。再往前，就有一大片紫，那原是屬於普羅旺斯的紫，羅曼蒂克的紫，薰衣草的紫，而鑽進鼻翼的馥郁香氣，讓全身的細胞都在更新。

「媽，妳能聞到什麼？」

「好像是……薰衣草的香味！」

「沒錯！妳知道嗎？以後，我就能在這一大片的薰衣草森林工作喔！我已經逐步在完成我的夢想了。」十九歲的女兒朵拉這麼說。

「可惜，我看不到了。」四十五歲的岫藍，看上去比實際年齡小上十多歲，有著美魔女外表，卻在三年前因青光眼失明了。

「媽，小王子不是說嗎？『人的眼睛是看不到什麼東西的，他必須用心來看才行！』。」

「有，我的確用『心』看到了。」岫藍笑了。

朵拉說，薰衣草森林的主人是一對有音樂、文學素養的夫妻，看著朵拉對香草植物的熱愛，以及對母親的體貼很感動。本來，只打算聘全職的他們，決定破例聘請「半工半讀」的朵拉。

十多年來，岫藍亟欲擺脫自己是「失敗女人」的角色，也希望能讓女兒朵拉有更好環境與教育。朵拉從小一直喜歡閱讀，成績也一直名列前茅，喜歡童話和甜點，長大了還喜歡看《小王子》、《青鳥》、《愛麗絲夢遊仙境》，也最愛岫藍親手做的薰衣草餅乾、水果鬆餅。

岫藍一直都美麗動人，但三十歲就成了單親媽媽。她怎麼也很難相信，那曾經對

她敬愛無比的丈夫，竟狠心為了一個事業成功的女人離去，幾乎什麼也不留，只留給她一個軟弱女人的封號。那年，朵拉才四歲，她一手拉拔她長大，開始嚐盡人情冷暖。

剛離婚的幾年，岫藍每天都馬不停蹄的工作。為了讓朵拉能有豐富多采的人生，她都盡己之力完成朵拉的願望。

雖沒有足夠的旅費，可以帶朵拉去法國。不過，在朵拉十五歲生日時，還帶她到南韓的小法國村看小王子與普羅旺斯村體驗。

朵拉對薰衣草的熱愛可以說是如癡如醉的地步，沐浴乳、香皂、枕頭全都用薰衣草，睡前喜歡泡一杯薰衣草奶茶。岫藍為了朵拉，還親自做不同種類的薰衣草餅乾及蛋糕。

「妳乾脆每天都睡在薰衣草田好了！」有一次，岫藍這麼調侃女兒。

「你怎麼知道，這是我最大的願望呢！」

為此，岫藍告訴女兒，等有一天攢足了旅費，一定要帶她去普羅旺斯看薰衣草，怎知身體一直每下愈況，更不知怎麼會年紀不老，就看不見了？

但體貼的女兒，不但自己完成了夢想，還是她的心靈療癒師。她想，也許有些事物，不一定需要眼睛看見，用心感受，也能享受當下的片刻永恆。

薰衣草餅乾

材料：

蛋 —— 1個
泡打粉 —— 1小匙
低筋麵粉 —— 120公克
無鹽奶油 — 90公克（約10大匙）
新鮮薰衣草 —— 少許

調味料：

糖粉 —— 50公克

作法：

1. 蛋打散成蛋汁、備用，泡打粉與低筋麵粉混和過篩、備用。
2. 將奶油隔水加熱融化，加入作法1，再加入糖粉。
3. 薰衣草以熱水泡開，瀝掉水分加入作法2中，混勻，揉成麵糰。
4. 拌好的麵糰用保鮮膜包著，放進冰箱冷藏30分鐘，取出，用擀麵棍擀成0.8公分厚。
5. 烤箱預熱10分鐘，將作法4用模型扣出，放在鋪鋁箔紙的烤盤上，以150℃烤15分鐘，取出烤好的餅乾，放涼即可。

TIPS：

1. 可以準備各種形狀的模具，像是心型、花型或是圓型，以增加餅乾的造型。

小王子的幸福廚房

薰衣草已經廣泛的運用在日常生活上，像是製成精油、洗髮精等，而薰衣草有一個很大的功效，就是可以幫助入眠。

薰衣草運用在茶飲和烘焙更是受到歡迎，說到薰衣草餅乾，很多女孩一定都不陌生吧！薰衣草餅乾吃起來通常不只是一種美味，而是一種浪漫的氛圍。在閒暇之際，沏一壺清香的茶，配一碟自製的薰衣草餅乾，邀三、五好友到家坐坐，享受一個浪漫悠閒的好「食」光。

善良狐狸的療癒烘焙坊

最近，總是跟朋友自稱善良狐狸的他，不但失去了他最心愛的玫瑰，也找不到可以傾訴的對象，感覺到心情很鬱悶。他想起《小王子》裡狐狸說過的：「要是一個人讓自己被馴養的話，就要冒著將來流淚痛苦的危險……。」和玫瑰交往了五年，雖然玫瑰已經離開，這五年來，心卻似乎早已被玫瑰馴養。

整整失戀了一個月，心情已經夠糟了，工作也一團糟。這一個月的業績幾乎是他進入公司三年來最糟糕的一次，那天，還被他的主管獅子責怪一頓。

「你是怎麼搞的，你過去一直都表現不錯啊！」獅子忍不住皺眉。

「女朋友離去讓我無心工作……。」善良狐狸這麼說，一向工作表現良好的他，以為獅子主管會好好安慰他。沒想到，獅子竟是這麼說的：「我知道你失戀，但已經一個多月了，你傷心太久了，大男人要提得起放得下，這樣太沒志氣了！」

善良狐狸去找他好久不見的兄弟老皮，因為有一次他跟大家聊天說他六歲的兒子說他長得像探險活寶裡的老皮，大家就這麼稱呼起他了。而善良狐狸則是老皮第一次這麼稱呼他的，老皮欣賞他的業務能力，卻又說他有狐狸的靈敏謹慎，有點城府卻不夠奸詐，於是就稱他為善良狐狸了。

善良狐狸某天約老皮在居酒屋，老皮個性直爽豪邁，結婚十年了，已經擁有一個嬌妻和一兒一女。善良狐狸和老皮是二十多年的好友了，而且男人結婚心應該比較柔軟吧！向他傾訴，他或許會懂！

「我說你既然是善良狐狸，就讓心愛的玫瑰走吧！反正，以你的條件要找妞到處都是呢！」老皮似乎不認為玫瑰有多好，甚至趁機批評了他心愛的玫瑰一頓。老皮說，以前，就不欣賞玫瑰的驕傲跋扈，只是看著狐狸在熱戀也不好意思說出口，如今，老

皮倒慶幸玫瑰跟狐狸分了呢！

連老皮都這麼說，善良狐狸幾乎要崩潰了，因為玫瑰狠心一去不回，善良狐狸的母親之前就狠狠數落過玫瑰了，善良狐狸訥訥地說：「我今年已經三十八歲了，似乎有一種看不到未來的感覺。」「不會啦！以你的條件很快就有新對象了。」老皮說。

善良狐狸並沒有很快的找到新對象，他知道是自己問題，因為常陷於情傷中，再者發現自己的原則太多，也不容許自己的工作一直走下坡，一直靠著忙碌的工作療傷，只是，偶爾還是會有一種說不出的鬱悶。

這天，善良狐狸收到了快遞，原來是孤兒院的芯芯寄來的，是一盒自製的杯子蛋糕，芯芯今年已經十八歲了，說她開始已經學習烘焙，留下住址，有空要善良狐狸去烘焙坊找她。

善良狐狸從大學畢業，就不停資助孤兒院，而且他不僅出資，還常去孤兒院探望那些孩子。十年來，孤兒院的芯芯、小雅、華倫都和他培養了很好的情誼。

善良狐狸發現自己不但很喜歡和芯芯聊天，也喜歡看芯芯烘焙。芯芯更是很有耐心的教他，慢慢地，他已經忘記自己的憂鬱，甚至也開始學起烘焙了。

「我覺得我想幫你們的烘焙坊改名。」善良狐狸說。

「改什麼名。」

「叫善良狐狸療癒烘焙坊。」

「好耶！」芯芯笑了。

檸檬杯子蛋糕

材料：
蛋 —— 2個
蛋黃 —— 2個
削好的檸檬皮 —（1顆檸檬的量）
檸檬汁 —— 1大匙
低筋麵粉 —— 100公克
泡打粉 —— 1小匙
無鹽奶油 —— 60公克

調味料：
糖粉 —— 100公克

作法：
1. 將烤箱預熱至170℃，並將低筋麵粉與泡打粉混合過篩、備用。
2. 將奶油隔水加熱融化，用搾汁器搾出檸檬汁，留下檸檬皮切碎。
3. 將蛋及現有的蛋黃放在一起，用打蛋器打散，再加入鹽及細糖粉混勻。
4. 作法3續加入檸檬皮、低筋麵粉、泡打粉、奶油拌勻。
5. 作法4用湯勺盛入紙杯，約七分滿即可。
6. 作法5放入遇熱好的烤箱，用170℃烤25～30分鐘即可。

TIPS：
也可以試試柳橙、葡萄柚的口味，把果皮削在其中，也別有一番風味喔！

小王子的幸福廚房

失戀就像檸檬的滋味一樣，雖然很酸，卻別有一番滋味。檸檬是一種很神奇的水果，它豐富的維生素C，可以增加身體的抵抗能力，醫學報導也指出檸檬能舒緩憂鬱、焦慮的情緒。

檸檬的酸味，其實是很迷人的，所以無論用來製作果汁或菜餚，都能有提味功能，用來烘焙蛋糕，更能使蛋糕不過於甜膩，使口感更富有層次，心情不佳的時候，嘗試烤個杯子蛋糕來吃吧！相信有不小的療癒作用喔！

小王子與高更的被雪覆蓋的庭園

那明明應該是有湛藍的天，波光粼粼的海面，風姿搖曳的椰子樹……，怎麼是一個蕭瑟的寒冬，皚皚的白雪下，整個銀妝素裹的天地，如此耀眼，讓人幾乎睜不開眼睛。

原來，那是畫裡的意象，小王子很快就察覺出來，而畫這幅畫的人，正坐在椅子上打盹。

「快起來，起來……」一個稚嫩，彷彿孩童般的聲音一直在叫椅子上打盹的人。

高更揉了揉惺忪的眼睛，看見眼前出現一個小孩，他簡直不敢相信自己的眼睛，

而那小孩似乎也露出了誇張的表情說：「真……真的是你，大畫家高更……，我在畫

冊裡看過你。」

「怎會有這樣一個小孩，麥黃色的髮，藍如寶石的眼珠，鵝黃色的絲巾，簡直就是童話中的『小王子』。」高更像是喃喃自語，搔了搔頭說：「自己不會是在夢吧！」

小孩忽然拿了一顆石頭往他臉上彈了一下，高更痛得叫了一聲說：「幹嘛？」

「要告訴你，你沒在作夢啊！我剛看到你也以為自己在作夢。」

「你從哪來的？」

「我坐時光膠囊機來的。」

「什麼？」

「給你！」小孩拿了一本書遞給他。

高更仔細看了一下書名，真的叫做《小王子》，而書封面上小孩，真的跟眼前的小孩長得一模一樣，他再仔細一下看了作者簡介，生於西元一九〇〇年……，也就是這個作者整整小了高更五十二歲（高更生於西元一八四八年。）

「所以，你真的叫小王子……，只是你的時光膠囊機是怎麼回事？」

「你先告訴我，你真的是大畫家高更嗎？我真是太開心了！」小王子不答反問。

高更點了點頭，隨即又說：「不過我這兩天心情不好，我越來越難忍受我妻子梅娣的嘮叨，她一心只想到錢，買漂亮的衣服，完全不懂得欣賞我的畫。」

「所以，你逃到這裡來？」

「是啊！堂堂法國大詩人韓波不是說嗎？『最真實的生活，總是在他方』，但是在這間小屋只是短暫的居留，總有一天我會到大溪地的……，那個純淨、無污染的國度。」

「對了，因為我看過你後期很多名畫，這幅我好像沒看過。」

「這幅叫做『被雪覆蓋的庭園』，很適合我現在的心情，對這裡的一切感到心寒。」

這時，小王子望著窗外被雪覆蓋的庭園，白色的雪襯得枯枝顯得更加寂寥落寞。

「不會的，這不是你會持續的風格，你的風格應該是屬於沙灘、陽光、海洋，屬於大溪地那種純淨無污染的氣息。」

「你年紀這麼小，卻能預知未來，而且，你講的話在純真裡帶著一種成熟，這個意念醞釀我很久了，我一直想去大溪地。」

「別忘了我是坐時光膠囊機過來的，我現在是回到『過去』，不是未來，我看過你後期的畫。」

「但……，我雖已決定離開家人，心中卻還是掛念著我的妻兒！」

「可以理解，但離開也是一種選擇，像是狐狸說的『要對自己的花兒負責』，所以，你也要對自己的選擇負責才行！」

高更的心裡突然有了那樣的構圖，那是兩個土著女子坐在樹下，左邊，是一個穿藍色布裙的女子坐在後方，手中拿著豎笛，右邊則是一個穿白色衣裳的女子坐在前面，倆人端坐如一尊佛，而左前方一隻紅色的狗，正在嗅聞著草地。他把心中這幅畫的情境表達給小王子。

「就取名叫『歡樂』吧！其實我一直知道你這幅畫。」

「謝謝你，小王子，現在我的心情不再是蕭索的寒冬了。」

「能遇見你真好，我好想一直在這裡陪你，不過，我得離開了，繼續我的旅行……，我的時光膠囊機不允許我停留太久，不然，我就回不到未來了！」

「再見，小王子，我會記得你，並銘記你給我這短暫卻又永恆的歡樂！」

「再見，大畫家，你的畫會流傳千古的。」

小王子的身影漸漸遠去，獨留高更一人，靜靜的，坐在窗前，望著那如白地毯的雪，想著他該何時啟程到大溪地？

椰子涼糕

材料：

A

牛奶 ———— 200CC

椰漿 ———— 150CC

細砂糖 ———— 50 公克

B

牛奶 ———— 100CC

玉米粉 ———— 60 公克

洋菜粉 ———— 20 公克

C

椰子粉

作法：

1. 先準備一容器，塗上奶油，備用。
2. 材料 A 混勻，放入鍋內，用小火煮熱、關火。
3. 將材料 B 混勻，倒入作法 2，然後用打蛋器攪勻。
4. 再放回爐上，用小火續煮，不停攪拌一直到濃稠就熄火。
5. 作法 4 倒入容器中，放入冰箱中冷藏，食用時切塊，再沾椰子粉即可。

TIPS：

這道椰子涼糕又稱雪花糕，有冬雪的蕭瑟之美，卻最適合炎熱夏季當開胃的零嘴。

小王子的幸福廚房

大溪地除了讓人聯想到高更的畫，還讓人聯想到馬龍白蘭度講過的那句話：「我對大溪地人最仰慕的是，他們活在當下，享受當下的喜悅，沒有名人，沒有窮人和富人的差別」。

大溪地盛產諾麗果，也主產椰子、香草、咖啡、甘蔗，這道椰子涼糕，是源自大溪地產椰子的靈感，涼爽不膩的口感，讓味蕾與身心都能沐浴在純淨、無污染的氛圍中。

熊貓圓仔花的小法國村之旅

鵝毛般的雪，不停地落在地上，形成一層一層的白色地毯。熊貓圓仔花不知道自己來到了什麼地方。但覺得很有趣，她看到一個麥金色頭髮的小孩，穿著橘黃色的連身衣褲，外面披著蘋果綠的長袍，看來就像童話裡的小王子。

淘氣的小熊貓圓仔花為了故意讓熊貓媽媽擔心，趁著熊貓媽媽去洗手間，就擅自躲起來，讓熊貓媽媽著急。最近，熊貓媽媽又生了一個弟弟湯圓，自從湯圓出生後，熊貓媽媽對她的疼愛與照顧就不如從前，甚至常常忽視她，所以，她想戲弄媽媽一下，順便得到媽媽對她的關心。

她不禁摸摸小孩子的頭髮，說著：「好可愛啊！」「幹嘛摸我，你的手好冰喔！」

熊貓圓仔花嚇了一跳：「原來，你會說話，我以為你是一座雕像。」「沒錯，人類是將我立成一座雕像，可是我是有靈魂的。」「對不起，我看到雪太高興了，剛剛忍不住用手去做了幾個雪球，所以手才那麼冰。」

經這個可愛的小孩描述，原來，他就是有名的飛行員兼作家安東尼・聖修伯里筆下的小王子。而這裡正是南韓幾年前為了拍攝偶像劇所建造的小法國村，最近聲名大噪的韓劇《來自星星的你》某些場景也是在這裡拍攝的。

小王子說，一般人是看不到他的，因為他發現熊貓圓仔花，有和他相似的純真靈魂，所以，才能感受得到他，並且和他用語言溝通。這使圓仔花感到相當榮幸，她想，回去一定要告訴熊貓媽媽，她和全世界眾所皆知的小王子聊過天呢！

熊貓圓仔花不禁好奇的問小王子，為什麼今天一個遊客都沒有呢？小王子告訴她，妳所在的空間和人類是不一樣的，所以，人類看不到妳，妳也看不到人類。這讓她相當迷惘。不過，小王子告訴她：「這樣才好，如果讓人類發現了妳，我保證妳無

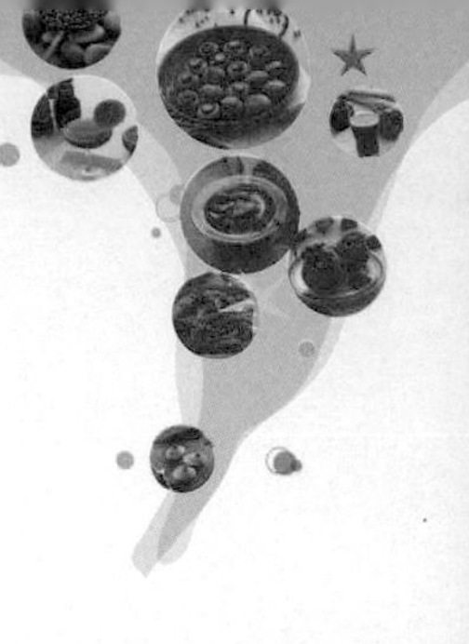

法在我這裡悠閒的旅行。」

所以，圓仔花就展開了一個人緩慢而悠閒的小法國村之旅了，首先，她在小王子路上打滾、手舞足蹈，逗得小王子哈哈大笑！再來，小王子告訴她，要去聖修伯里紀念館、法國傳統住宅館、貝多芬病毒主要拍攝場地多逛逛，她也去了。在那裡，圓仔花更進一步了解了作者聖修伯里，也更深入了解了法國以及歐洲不同的文化。

逛了一天，圓仔花開始想念熊貓媽媽，她發現自己不知道要如何走回剛剛熊貓媽媽帶她去的地方，而且，她發現自己不告而別，熊貓媽媽不知道她來到這裡，恐怕找不到她了。

於是，圓仔花坐在小王子路，啜泣地哭了起來，並且告訴小王子她的擔憂。小王子只好聯絡他的好朋友。後來，小王子要圓仔花坐上一架小型的飛機，他表示，坐上這架飛機就可以幫助圓仔花找到熊貓媽媽。

但圓仔花一坐上飛機，卻發現飛機飛到高空後，就不停的往下墜，往下墜，她不禁尖叫一聲。

「怎麼啦！圓仔花，是不是做噩夢了。」她發現熊貓媽媽坐在床邊不停的拍打她的背，似是安撫她。而睡在嬰兒床的弟弟湯圓似乎沒有因為她的驚嚇聲吵醒。

「媽媽……，我剛剛夢見……，我以為再也見不到妳了。」

「那只是夢而已，對了，爸爸剛剛買了一本書要送給妳喔！」

圓仔花一看，是聖修伯里的《小王子》，圓仔花心想怎麼這麼巧，於是，就把自己在夢中看到小王子的事情告訴給熊貓媽媽聽，熊貓媽媽笑著回答說：「妳爸爸那天才說，改天我們全家去小法國村玩玩呢！」

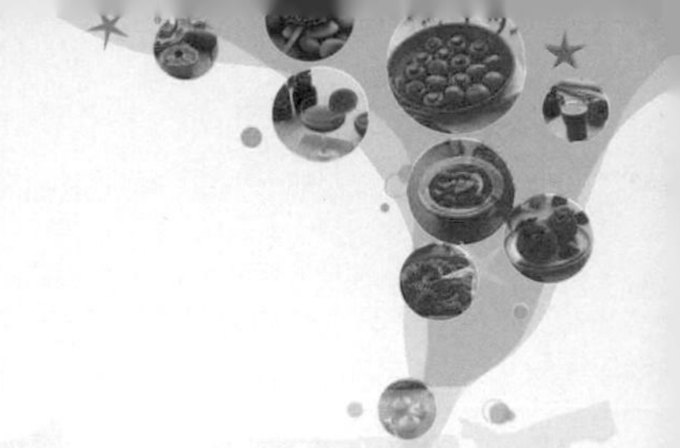

熊貓餅乾

材料：

白麵糰

蛋——1 個
糖粉——40 公克
鹽——半小匙
低筋麵粉——200 公克
奶粉——10 公克
香草粉——5 公克
奶油——80 公克
泡打粉——1 小匙

B 黑麵糰

蛋——1 個
糖粉——40 公克
鹽——半小匙
低筋麵粉——200 公克
奶粉——10 公克
可可粉——30 公克
奶油——80 公克
泡打粉——1 小匙

作法：

1. 將烤箱預熱至 180℃，並將低筋麵粉與泡打粉混合過篩、備用。
2. 將奶油隔水加熱融化。
3. 準備一容器，將蛋用打蛋器打散，再加糖粉、鹽混勻。
4. 作法 3 續加入低筋麵粉、奶粉、香草粉、奶油、泡打粉拌勻，揉成麵糰，即成白麵糰。
5. 重複作法 3 和作法 4 的動作，除了香草粉換成可可粉，其餘材料與動作皆相同，揉成黑麵糰。
6. 將白麵糰與黑麵糰，放入冰箱冷凍約 2 個小時，取出。
7. 用擀麵棍分別將黑、白麵糰擀成 0.2～0.5 公分的厚度。
8. 用市售的熊貓模具，扣出可愛的熊貓圖案即可。
9. 將熊貓餅乾放入烤箱中，以 180℃烤約 20 分鐘即可。

TIPS：

熊貓餅乾的模具，網路或原料行都購買得到。

小王子的幸福廚房

近年來，台灣掀起了關注熊貓圓仔之熱潮，熊貓圓仔的一舉一動成了記者與全民的焦點，熊貓圓仔胖胖的身軀以及遲緩的模樣，讓人越看越喜歡。

而最近，有 1600 隻法國熊貓進軍台北展覽。熊貓萌翻的模樣，讓我聯想，若是他和小王子見面，會激盪出什麼樣的火花呢？我想，這不只是我關心，相信大家也跟我一樣非常期待吧！

我期待未來還會有這樣一個展覽，是關於可愛熊貓和小王子的，不過，我已經先誕生了這樣的一個故事，希望你除了喜歡熊貓餅乾外，也會喜歡這個故事。

小王子與堅果餅乾

異常酷冷的天氣，他怕自己是熬不過這個冬天了！他覺得自己全身都凍僵了，而且又餓。他不禁抬頭仰望天上的星星，想到過去的一切，就如埋在記憶底下的冰山，而突來的悲傷，是撞上冰山的船，一瞬間，自己也許就要消融在這人世間。

他──原本有個幸福的家庭，可是一場地震，使他失去妻兒，而書店也損失慘重。因為如此，他感覺痛苦不堪，終日頹喪失志，終於淪落成為流浪漢。

他流浪到一座很美的別墅外，因為還有點自尊，正在躊躇著要不要按門鈴，怕又碰了釘子。當他終於按了門鈴，卻是出乎意料的順利。他覺得奇怪，以前，他乞討時，大部分的人都是給他幾個銅錢就解決了，比較大方的，給他幾張鈔票，而這次，主人卻大方邀他進去吃晚餐。

女主人長得很清秀，又顯得美麗端莊。還有一個可愛的小男孩，但就是不見男主人，他也不好意思多問，他看著桌上豐盛的晚餐，不禁囫圇吞棗，大口大口的吞了起來。

女主人笑著說：「慢慢吃，別噎著了，以後還有很多機會。」

他想，還有很多機會嗎？真奇怪的說法。

更奇怪的是，他吃飽要告別時，女主人竟跟他說外面天寒地凍，要留他過夜。

這就令他更大大不解了！？他想自己這麼老，這麼髒，這麼窮，如果女主人要圖他什麼，也是非常不可能。所以，他就順了女主人的意，女主人家有高級的 SPA，冰箱還有吃不完的零食，想到自己也不是什麼大人物，他洗完澡，終於忍不住想去問女主人為何要對他這麼好？

他從浴室走出來，發現女主人正在客廳看電視，他走到玄關，正要走向客廳，可

愛的小男孩一手抱著童書《小王子》，一手拿著堅果餅乾：「伯伯，想不想吃堅果餅乾？」

這時，他忽然覺得這個畫面有一種異常的熟悉感，但卻又說不出和自己有什麼關連！

於是，女主人就大方的走到他面前說：「伯伯，你真的不記得我了嗎？」

他搖搖頭，表示真的不記得自己曾認識這麼美麗的女主人。

「你還記不記得十多年前，那個離家出走，曾偷走你書店那本《小王子》？你還記不記得你本來沒發現，是我太餓吃了你擱在櫃台的堅果餅乾，被你兒子發現？你還記不記得你不但沒怪我，還堅持送我回家，還花了你好多的車錢跟時間？你沿途跟我講著《小王子》是一本好書，既然我喜歡就送給我！」

他終於——想起來了。

多年後，他成了一個連鎖超商店的老闆，而輔助他創業的出資人是那個曾偷吃他

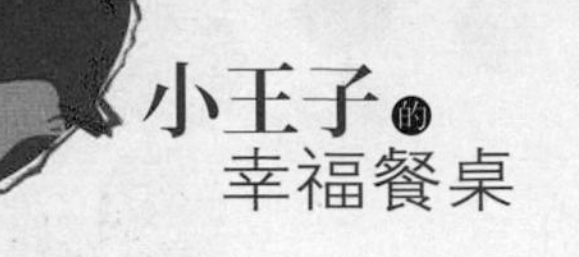

堅果餅乾的小女孩，也是那間別墅的美麗女主人。

義大利堅果脆餅

材料：

植物油 ——— 35 公克
蛋 ——— 2 個
低筋麵粉 ——— 250 公克
綜合堅果 ——— 80 公克
葡萄乾 ——— 30 公克
泡打粉 ——— 1 小匙

調味料：

細砂糖 ——— 35 公克
蜂蜜 ——— 1 大匙
蘭姆酒 ——— 1 大匙

作法：

1. 烤箱預熱 180℃，綜合堅果切碎，麵粉過篩。
2. 取一容器，放入植物油、細砂糖、蜂蜜、蘭姆酒攪勻，再加入蛋液拌勻。
3. 作法 2 依序加入低筋麵粉、泡打粉攪拌勻，再加入堅果、葡萄乾拌均勻，揉成麵糰。
4. 將麵糰整型成高約 2 公分的長方形，放進烤箱，烤約 30 分鐘。
5. 作法 4 烤好後，取出、冷卻，切片，再以 180℃再烤 10 分鐘左右，會更酥脆。

TIPS：

脆餅從烤箱第一次拿出的時候，一定要等冷卻再切片，否則餅乾會裂開，不好看。

小王子的幸福廚房

這種義大利堅果脆餅，因為烘烤過兩次，吃起來的口感較硬，也較脆，配上綜合堅果，吃起來更是一口接一口，讓人停不了嘴。

堅果和葡萄乾都是很健康養生的食材，堅果含豐富不飽和脂肪酸，可延緩老化，預防心血管疾病，而葡萄乾含豐富鐵質，可紅潤氣色，自己烘烤的義大利堅果脆餅，可讓食材更豐富，必要的時候也可以減少糖與油的攝取，美味而不增加負擔。

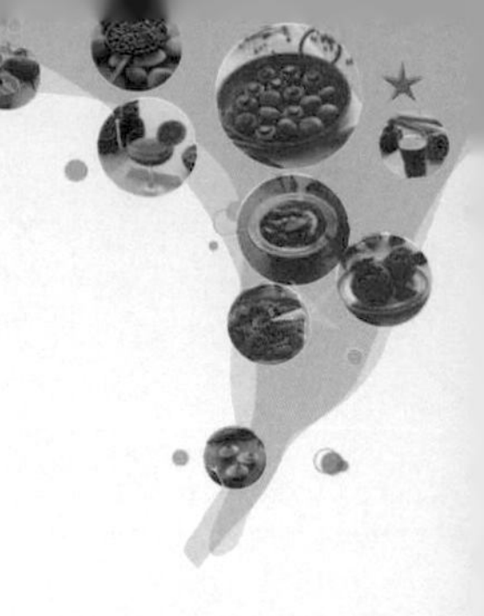

小王子與開心果園音樂會

傳說，在普羅旺斯的某一個地方，有一座開心果園，那座開心果園除了瀰漫著果香，還常常有美妙的音樂，讓人不忍離去。小王子拜訪完無數個星球，去過了開心果園後，就成了常客。

但這天，小王子帶著口罩從醫院回來，沿路還不停咳嗽。原來，最近氣溫變化大，小王子也感染流行性感冒了。

自從小王子上次去了開心果園的聚會後，他就很期待與大家一起歌唱、演奏，度過了一個美好的夜晚的日子，於是，就動身前往開心果園了。

小王子沿路遇到了藍莓姊姊，看著藍莓姊姊背著小提琴，匆匆忙忙的。小王子叫住了藍莓姊姊說：「藍莓姊姊，妳不是要教我小提琴嗎？」、「下次吧！你不是感冒嗎？」藍莓姊姊的口氣顯得有點不耐煩。

這時，奇異果哥哥背著吉他走了過來，藍莓姊姊很開心的說：「奇異果大哥，我正要去找你呢！我們昨天曲子練到哪裡了？」小王子看著奇異果哥哥活力充沛，神采奕奕的樣子，忽然有點妒忌。小王子心想：「我那麼崇拜藍莓姊姊，可是她卻對奇異果哥哥比較好呢！」

小王子又進到開心果園後，就看見葡萄姊弟正在練習合唱。小王子走了過去，也想加入他們。葡萄大姊說：「算了吧！你那五音不全的聲音。」葡萄小弟也說：「而且你還在咳嗽，會傳染我們。」

小王子落寞的走著，沒看到迎面而來的柳橙先生，「碰！」一聲，兩個人相撞，柳橙先生的熱湯濺了一地，還潑到柳橙先生。「你幹什麼呀！」柳橙先生很不高興的說。

「對、對──不──起呀！」

「人家辛苦熬的熱湯啦！」

小王子看到柳橙先生頭也不回的離開，忽然眼淚就掉下來了。小王子想，為什麼以前大家對我那麼熱絡，現在卻是對我那麼的冷淡。難道，只因為我感冒，怕傳染給他們嗎？

這時，番茄小子走了過來，跟小王子說：「你在哭什麼啊！」

小王子於是把事情的經過原原本本說了一遍。「沒關係，我帶你去聽音樂會！」

小王子心想，雖然番茄小子年紀最小，小王子也從不尊稱他，但番茄小子還真懂他的心情，想一想，心裡溫暖多了。

小王子這才看到大家齊聚在舞台上，才想起為什麼剛剛大家都在練習樂器。

「今天，是×月×日，先請聲音最美妙的葡萄姊弟獻聲給這裡最可愛最特別的貴賓小王子，祝他生日快樂！」奇異果大哥說。於是，葡萄姊弟開始唱歌。

這時，柳橙大哥捧來了一個小蛋糕，上面還繪有小王子的圖案，並端了一碗熱湯，說：「小王子，別再弄倒了，這是我今天特別為你熬的南瓜湯，希望你感冒快快好。」

「謝謝！」原來，柳橙大哥是要熬湯給自己喝呢！

看著藍莓姊姊拿著小提琴在舞台上，柳橙大哥也搬出他最拿手的樂器——大提琴，他和藍莓姊姊一起演奏他最愛的巴哈那首G弦之歌，小王子眼眶紅紅的，說不出話來了。

法式水果塔

材料：

奇異果 —— 1 個

柳橙 —— 1 個

番茄、葡萄、藍莓 —— 各少許

麵糊：

蛋黃 —— 2 個

糖 —— 50 公克

玉米粉 —— 50 公克

鮮奶 —— 100CC

鮮奶油 —— 100CC

香草粉 —— 少許

作法：

1. 可買原料行現做好的塔皮，放入烤箱中用 180℃烤 15 ～ 20 分鐘。
2. 將蛋黃、糖、玉米粉、香草粉、鮮奶一起拌勻，煮沸。待涼，形成濃稠狀做成蛋奶糊，待冷卻。
3. 將鮮奶油打至 6 分發，再加入作法 2 拌勻，待涼。
4. 作法 2 裝入擠花袋中，擠在塔皮上，再用各種當季水果裝飾即可。

TIPS：

1. 如果想省去烤塔皮的麻煩，可以到大賣場買較大的蛋塔也可。
2. 鮮奶油可以到一般大型的超市購買，如果沒有電動打蛋器，用手動打蛋器打發奶油約要 20 ～ 30 分鐘。

小王子的幸福廚房

法式水果塔繽紛的色彩給予人幸福甜美的童話氛圍，讓大人、小孩都愛不釋手。而現代人除了注重生活品味，也重視養生，法式水果塔可以做得小巧玲瓏，滿足視覺饗宴，又能兼顧美味與健康。尤其喜歡吃甜食卻又怕胖的人，可以多以高纖維低熱量的水果，像是藍莓、奇異果、柳橙，來滿足味蕾的享受。

小王子的心靈果汁 & 沙拉吧

小王子像個小小的心靈導師，

用簡單、清新無贅字的語言，

表達出人生的寂寞、夢想、世故、純真、自由……，

現在就讓我們走進小王子的心靈果汁與沙拉吧，

啟動果汁與沙拉的味覺感動，

並挹注心靈的井，讓生命的活水源源不絕。

四十三次日落

小王子說：「你知道嗎？一個人心情難過的時候，就會想看看日落。」這句話頗能引起大眾的共鳴吧！

從小，就多愁善感。也因此喜歡塗塗寫寫的，在那個懵懂的年紀，已經懂得在課本裡畫雨、雲、夕陽等大自然，也在小學五、六年級時，就愛上了日落。

小時候住的是鄉村，國中開始，學校允許騎單車上學後，和鄰居琇，就每天一起騎約三十分鐘的路程到達學校，約有十分鐘的路程，可以享受自然風光。那時，家裡附近還沒什麼科學園區，四周不是稻田，就是西瓜田或是種甘蔗，於是總有幾隻白鷺鷥，像一串串的詩句，接二連三的播種在田野間。而除了要補習的時間，總能看到一顆如紅柿般的夕陽，挨著遠山，漸漸落下。

那時，剛讀到國文老師教的李商隱絕句：「夕陽無限好，只是近黃昏。」也讓滯悶的升學壓力與強說愁的失落感籠罩著，就愛上了這種有點感傷又優美的意境。日落，可以說是每天放學後，溫柔的期待，有時看它像顆紅柿或橘子，漸漸被遠山吞沒，有時看它又像一個打呵欠的皮球，沉睡在山巒裡，有時化成彩霞滿天，或淺或深的胭脂紅、絳紅、橘紅、橙黃、柿黃一層層的塗布在天空上，是我在學校人際關係產生問題或課業表現不佳時，最佳的精神安慰劑。

後來，還看了無數次的日落，印象很深刻的有淡水的日落與五股的日落，但總記得那永恆一瞬的美好。很年輕的時候，總想，如果像小王子一樣，可以一天看四十三次日落，我也不願意吧！因為無論是再美好或再憂傷的事情，如果連續體驗太多次，鐵定會感到煩膩無比。

長大的時候再看了《小王子》，覺得憂傷也是人生的一種滋味，一種美麗的饋贈

與祝福。於是，終於明白飛行員說的：「啊！小王子，我終於明白你那憂鬱的生活了，在從前漫長的歲月裡，你唯一的樂趣就是觀賞溫柔的日落。」

後來，越來越明瞭小王子的心情，也總會想到那個薛西弗斯（Sisyphus）的神話。薛西弗斯是希臘神話中風神之子，由於他蔑視眾神，受到宙斯的詛咒，必須每天卯足全身之力，在地獄中不斷的推巨石上山，然後眼睜睜的看著那塊巨石，以迅雷不及掩耳之勢滾落山腳，於是他得再從頭往上推起，推向山巔，日復一日，這種徒勞無功的苦役可以說是最可怕的刑罰了。

在初讀到小王子看四十三次日落與薛西弗斯的神話時，都是傾向悲觀的，認為這莫過於人生的一種折磨、苦難，一種凌遲，一直到累積了生命的體驗，與多讀幾本哲學書後，我改變了這種想法。

在卡繆的心中，薛西弗斯雖是荒謬的英雄，但他的熱情多如他的苦難，正因他對神祇的輕視，對死亡的憎惡，以及對生命的熱愛，使他贏得這種不可言喻的處罰，如果他每跨一步都有成功的希望在鼓勵他，那麼他的苦刑又算得了甚麼呢？

曾經看醫學理論解釋薛西弗斯是有強迫症的，於是當自己人生遇到失戀或挫折，就會憐憫小王子，認為他一天看四十三次日落，是自我折磨。而今，我相信，那是徹徹底底的自我救贖，那是愛與自我的超越。如果，每一次的日落，都有一個希望或一份期待與愛，那麼，就能體會小王子看四十三次日落那種熱切的心情了。

法式鑲蛋

材料：
蛋 —— 3個
低脂美乃滋 —— 1小匙
芥茉醬 —— 1小匙
芒果乾 —— 少許

調味料：
鹽 —— 適量
胡椒 —— 適量

作法：
1. 將蛋放在水中煮熟，約需3～5分鐘，撈起，放涼，去殼後切半，取出蛋黃。
2. 取一碗，放入蛋黃，加入美奶滋、芥末醬，再放入調味料拌勻。
3. 將作法2用湯匙放入挖空的蛋白中，撒上芒果乾即可。

TIPS：
1. 如果家裡有種香草，也可以將芒果乾換成巴西利，巴西利又稱荷蘭芹或稱歐芹，原產於南歐，喜歡冷涼的氣候，台灣也可種。
2. 也可以撒點麵包粉，放入小烤箱略烤1～2分鐘也很香。

小王子的幸福廚房

小王子的四十三次日落，總讓人忍不住聯想到這道法式鑲蛋，是傳統西式餐點的開胃菜，又稱為魔鬼蛋（Deviled Egg）。感覺魔鬼蛋一點也不魔鬼，倒有孩子般生動逗趣的天真感。

如果怕芥末太嗆辣，可以選擇黃芥末，吃起來比較不會那麼嗆，也會更有黃色日落的感覺，而我個人很喜歡綠芥末，也認為綠色的芥末有綠草如茵的療癒感，如果稱呼為綠太陽蛋，是不是也很有清新感呢？

關於純真與自由

小王子曾直率而誠懇的要求飛行員幫他畫一隻羊。小王子非常生氣的告訴飛行員說：「你知道嗎？我曾經到過一個星球，上面住著一個紅臉先生。他從來沒聞過花香，也沒看過星星，什麼人他都不喜歡。他這一生沒做過什麼大事，只會不停的算數，他和你一樣總是在說『我有正經事要做，我是一個認真的人』。」突然之間，飛行員的心柔軟了，他除了安慰小王子他的玫瑰不會有事，更感慨自己離小王子的世界太遠了。

小王子的可愛，就是他從來沒有被地球大人那些「偽成熟」同化。而那些「偽成熟」可能來自於後天被灌輸的，受權力、慾望所支配與制約，而小王子的本質純真，他回到一種最自然，沒有受雜質所制約的自由。

幼稚不應該與純真畫等號吧！如同韓國作家丁稀在《當地球大人遇見小王子》所說的這句話：「我曾經認為純真是幼稚，不成熟的表現，但年紀越大，我越加相信，『純真』才是成熟的態度。」我們都誤解了世故是一種成熟，但世故是無法不產生偏見、心機、偽善的，如果純真是幼稚可笑的行為，那麼世故就是容易更令人煩膩了。

很喜歡看路邊的小娃兒，尤其是那種父母抱在手中或是那種牙牙學步的小孩，一直到過了而立之年，對小孩的喜愛與寬容度只有與日俱增。有時，無視大人用批判的眼光告訴我喜歡看喜羊羊和哈姆太郎這些卡通都是幼稚的，偶爾會跟小王子一樣，感受到奇怪的大人世界，甚至有一陣子嚴重到拒絕長大。討厭那些大人告訴我：「寫作能當飯吃嗎？」、「妳怎麼不找個穩定的工作！」、「隔壁以前那個成績比妳差的小怡，已經考上公家機關了」、「我看她呆呆的樣子，竟嫁了一個身價不菲企業小開。」……，好像這些現實問題都在提醒我：「妳已經是一個大人了。」

喜愛小孩子的純真，小孩子的世界不必顧慮那麼多現實問題。不用像《小王子》

裡的大人一樣，覺得活得矛盾、不自由，開始去煩惱人生的複雜面，常常懊悔自己的抉擇；覺得要服從父母的期望，遵從社會的主流價值，心是被囚禁桎梏住的。

記得印度靈修大師奧修在《自由》一書說過這樣一句話：「去做你本性想做的事情，去做你內在本質嚮往的事情。不要聽從經典，而是聽從你自己的心……但是不要聽從那些外在加諸在你身上的規則。沒有任何一條來自於外在的規則是對的，因為那些規則都是想統治你的人發明出來的。」

而法國哲學家沙特的名言「存在先於本質」，更是披露了人可以自由選擇的權利。狗生而為狗，鴨子生為鴨子，牠會按照生活習性、愛吃的食物活著，然後死亡，不會有選擇或蛻變的可能，而一朵玫瑰也不會變成茶花。但人生為自由，可以開創自己的潛能，決定生命的本質。

《小王子》是大人的童話書，小王子也是一個不說什麼高深道裡的小小哲學家。

當小王子分別拜訪第一個、第二個、第三個星球上的國王、愛慕虛榮的人、酒鬼時，結語都是一句：「這些大人真的很奇怪！」真的很欣慰小王子的純真特性，並沒有被這些地球大人同化。雖然，他會遺憾並沒有好好愛護他的玫瑰，不過小王子順著自己的本性去看待他拜訪的每一個星球，率性的看待他的每一段旅程，都是聽從自己的心，包括第一個星球裡想命令他的國王，也影響不了他——有誰不喜愛這樣的小王子呢？

尼斯沙拉

材料：

美生菜 —— 數片
黑橄欖 —— 少許
水煮蛋 —— 1 個
紅黃甜椒 —— 各半個
鮪魚罐頭 —— 半罐
鯷魚 —— 數尾

調味料：

初榨橄欖油 —— 5 大匙
白葡萄酒醋 —— 3 大匙
蒜頭切末 —— 2 瓣
檸檬汁、黑胡椒、鹽 —— 少許

作法：

1. 將蔬菜洗淨，美生菜撕片鋪在盤底。
2. 將紅、黃甜椒、水煮蛋剝殼去蛋黃、黑橄欖切片；並將鯷魚與鮪魚拌入。
3. 將調味料拌勻，淋在作法 2 上即可。

TIPS：

1. 尼斯沙拉的組合與作法有很多種，比較常見的是會放水煮蛋、鯷魚、鮪魚加一些生菜。
2. 鯷魚在一般超市不常見，可以到百貨公司的超市購買，一小盒價格約 200 多元。

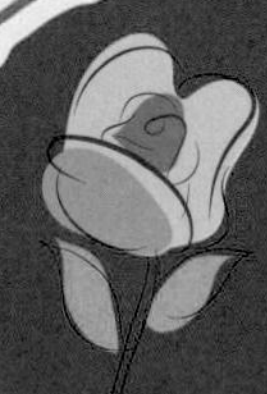

小王子的幸福廚房

看到尼斯沙拉，就讓人想起野獸派的畫家馬諦斯，馬諦斯曾在尼斯住過很的一段時間，許多人都喜愛馬諦斯作品所呈現的不羈、狂放、自由，這應該與尼斯乾淨、澄澈有關。小王子拜訪的星球裡，如果有一個地方是像尼斯一樣，相信他應該就不會那麼失望了。

巴歐巴樹的聯想

小王子的星球和其他的星球一樣，長著很多的益草和壞草……，如果不幸是一株壞草，一旦辨認出來，小王子就會馬上把它拔除。

在小王子的星球上，巴歐巴樹的種子是非常可怕的，偏偏這種子又特別多，而且巴歐巴樹的幼苗生命力極強，如果拔得太晚，就再也無法清除掉了，它會盤踞整個星球，樹根迅速地將整個星球穿透。如果一個很小的星球上巴歐巴樹很多，那麼後果可想而知……。

看到小王子擔憂巴歐巴樹，讓人想起一種外來植物，叫小花蔓澤蘭。小花蔓澤蘭原產於南美洲，由於生長力強，它會以攀附方式纏繞木本植物向上生長，並且遮住植物冠層頂部，讓被附著植物無法行光合作用而阻礙生長，甚至導致枯死。目前已經被世界自然保護聯盟列入全球一百種最具危害力之外來入侵物種。

第一次認識小花蔓澤蘭這種植物時，可以說是生命中美麗的驚嚇。因為，這麼美的植物，像一朵朵白色的蕾絲花，夢幻而迷人，以為它應是脆弱而需受保護的，沒想到它的生命力如此強韌。再仔細了解，原來是政府機關看中了它能加速繁衍，以為可達到加速綠化之效，沒想到，卻忽略它生命力旺盛到壯大了後，對其他樹種所造成的威脅，而且會影響到鳥類或其他野生動物的棲息……。目前，小花蔓澤蘭被喻為「綠色殺手」、「綠癌」。

這幾年，環保意識逐漸高漲，齊柏林的《從空中看台灣》的攝影集與紀錄片更引起空前的廣大迴響，但，一直演變到現今，許多生態浩劫是很難避免的。

在齊柏林的攝影集與紀錄片裡，你一定會喚起愛台灣乃至於愛地球的覺醒，你會驚覺那地層下陷、海水倒灌，原來是許多養殖業者超抽地下水而形成。你會心酸那些

濕地、沙洲何時已經搖身一變為工業區？你會感慨那些被濫砍濫伐的林木，留給大地多難以撫平的傷口，你會重新思忖，台灣竟有你從未仔細用高度眼光去觀察的美麗，與被污染被傷害的哀愁。

過去，我們一味追求文明與經濟發展，以致於犧牲生態環境。文明帶來的許多既得利益曾經讓人趨之若鶩，可是卻也存下傷害生態環境與人類的禍根。或許，我們也曾經是小王子眼中的歐巴歐樹，也曾經是破壞生態平衡的小花蔓澤蘭……，曾經驕傲自矜的以為，我們是聰明的、堅韌的，具有征服一切、征服世界的企圖心。但我多麼希望，我們也是保持純真，卻有智慧的小王子，可以很快的辨識益草和壞草，可以用自身的棉薄之力，抑遏壞草的滋生，不只在生態環境上，同時在身體和心靈上也是。那麼，日常生活我們應該多以天然食物代替加工食物，多用點心選擇健康有益的食物，平時能有警覺心靈長了雜亂無章的惡草，就可很快的拔除。從現在起，掃除生命那些烏煙瘴氣，讓思緒新陳代謝，做好心靈環保吧！

據說，真的有巴歐巴樹，在非洲大陸、馬達加斯加、澳洲都可以看見其蹤跡，雖然是小王子眼中的壞樹，但在非洲人眼中卻尊崇它為「生命之樹」，這使我想到，小花蔓澤蘭頑強的生命力也是值得我們學習的，任何事都有一體兩面。也想告訴小王子的是，有些事若防患不了，就學習包容吧！當然，這必須在做好心靈環保，增強身心靈的免疫力基礎上做起。

西班牙香橙蔬菜

材料：

西洋芹——1支
紫洋蔥——1/4個
小番茄——3個
紅黃甜椒——各1/4片
黑橄欖——少許

調味料：

新鮮柳橙汁——半杯
鹽——適量

作法：

1. 將蔬菜洗淨，西洋芹、紅黃甜椒、紫洋蔥切絲；小番茄、橄欖切小片。
2. 準備一鍋水，分別將所有蔬菜煮熟，撈起、瀝乾，盛盤。
3. 將作法2的蔬菜湯汁加入柳橙汁、鹽，煮至湯汁約收乾到原來的一半左右，再倒入煮熟的蔬菜中拌勻即可。

TIPS：

除了淋上柳橙汁，也可以淋上葡萄汁或杏桃汁，口感也很不錯！

小王子的幸福廚房

這道色彩繽紛的西班牙香橙蔬菜，除了給人視覺上的驚艷。也融合「地中海型飲食法」，符合高纖、低脂、低熱量的健康風潮，可以做好體內環保。而五色蔬果中蘊含豐富的植化素，除了能預防癌症與各種慢性病，還是最天然的美容保養小幫手，喜歡下廚的朋友，不妨常常自製這道西班牙香橙蔬菜。

帽子裡面的秘密

不知道讀過《小王子》的讀者當中，有多少人，真的一開始就能看出作者畫的是蟒蛇吞大象，而不是一頂帽子？相信，大多數的人都是把它看成帽子吧！而且，是看了聖修伯里的文字敘述，才喚起心中的純真與腦中的想像力，恍然大悟似的：「對呀！我怎麼沒想到。」

許多小王子的粉絲因為作者介紹這頂帽子開始，喜歡上作者的想像力，喜歡上小王子如孩童似的純真，卻又擁有大人般睿智而成熟的眼光。這頂帽子，就像一個高明的魔術師，變出了蟒蛇吞象的畫面。

從小，就很怕蛇，總是不只一次夢見關於蛇的畫面。記得有一次，我夢見了和朋友到了野外，原本倆人正欣賞著綠如綢緞的湖水，卻看到水中有條大如蟒蛇的怪物，突然從水中竄起……，倆人也不知跑了多久。只記得自己躲進了一件厚厚的棉被裡，以為牢牢的裹住在其中，讓蛇不敢躍進。結果，一群不知道是麋鹿還是山羊的動物，竟繞著棉被的邊緣，飛快的跑著，將我層層包圍，讓我害怕自己從此就被困在棉被中了……。

醒來後，還驚恐的想著，還好，只是一場夢。往後，這個夢卻在我腦裡清晰的住了二十多年，也不知為什麼，有太多夢境，總是醒過後就忘，唯獨這個夢境，卻是不會遺忘？後來，再對照，躲在棉被裡，讓棉被隆起城一座饅頭小山的畫面，像不像一頂帽子？

如同我看穿那頂帽子—其實內部是蟒蛇吞象的畫面，看過，就不曾忘記。剛讀《小王子》的時候，認為那頂帽子其實代表的是文明的進步，也是人漸漸成長之後，被文明同化的過程，而蟒蛇吞象則是代表著自然、原始。作者覺得被文明同化的大人很可

悲，因為他們只對政治、理財、權勢、房子、車子有興趣，從不關心自然界的原始雨林、自然風情、生態危機……。

最近，生活經驗與夢境相連結，又再度發現這張圖。雖然還是會聯想成帽子，但它卻有的新穎的意象，在表象下它是一頂帽子，而內在卻是蟒蛇吞象，若從作者的眼光去解讀，他表象是被文明馴服、同化了，而他的內在卻渴望著冒險、原始，即使蟒蛇吞象可以解釋成貪婪、不懂知足，卻也能解釋成他內在對愛的飢渴，以及明知能力不足也要去硬撐的心理。

從讀者的眼光延伸，許多人都有被文明馴服同化的悲哀。想著從小做的夢，蟒蛇吞象的畫面，就是一種恐懼，從小到大內心莫名的好奇與恐懼。這種經驗，就像大眾愛看國家地理頻道（National Geographic Channel）和 Discovery 頻道，蛇吞任何動物，包括蛇吞蛇的畫面，總會引起內心的好奇與恐懼。

小時候，一直不明白，那份好奇與恐懼是來自於什麼？後來思考，那應該是來自人的共通性，是小時候不懂愛，又對愛的好奇，而當體會了愛的美好與受了愛的傷害後（愛情存在著痛苦與失望、背叛的時候），就對愛所產生的恐懼感。

其實，小王子應該知道，地球裡的大人也是需要被寬容的，因為大人會佯裝成被文明同化，有時也是要包裝內心的恐懼，害怕承受愛的傷害而已，大人真的也有不得已的悲哀。

香吉士海鮮沙拉盅

材料：

香吉士 —————— 2 個
蝦仁 —————— 50 公克
奇異果 —————— 1 個
葡萄、番茄 ———— 5～10 粒

作法：

1. 香吉士洗淨，用刀尖以三角形沿圓周切割出一頂齒狀的帽蓋，挖出果肉。
2. 將蝦仁放入鍋中燙熟，撈起，奇異果去皮，挖成小球狀。
3. 將作法 2 與葡萄、番茄放入香吉士皮殼中，將帽蓋半蓋在上面即可。

TIPS：

1. 也可以淋點優格、蜂蜜，或是配上起司，也別有一番風味喔！
2. 挖果皮的工具在原料行就買得到。

小王子的幸福廚房

香吉士海鮮沙拉盅，可以放入冰砂、果凍，也可以將冰砂和果凍挖成球狀，放進香吉士皮殼中，也是一種創意吃法。

這道香吉士海鮮盅最特殊的就是用水果皮當帽蓋，很有童心的感覺，只要買得到工具，再加一點耐心，做起來其實一點也不困難，帽子裡藏著一顆顆的水果球，看起來很有整體的和諧感，不知道讀者看了有沒有增加食慾呢？

愛慕虛榮病症診斷書

既往症：幼年時家境清寒，品行端正、開朗正直，長大後，意志薄弱，受不了名利誘惑，惰性滿滿。

現症：空虛感、自我膨脹、愛慕虛榮、精神生活貧瘠、只圖眼前小利、崇尚名牌。

主訴：肥胖、頭痛、暈眩。

療法：原因療法及根本治療。

處方：閱讀、旅行、賞畫、看展覽、與大自然接觸；遠離物慾旺盛的環境。

小王子拜訪的第二個行星中，住著一個愛慕虛榮的人。

「嗯，嗯！又一個仰慕者來拜訪我了！」他遠遠看到小王子的到來，便叫嚷起來。

小王子覺得他很奇怪，於是，就離開了。

還記得，對愛慕虛榮的厭惡，也是從一趟五天的旅程開始。這趟旅程，是和她最初的旅行，卻也是最後的旅行。

其實，曾經和她有過一段不淺的情誼。大學時，因曾經參加過同一個社團而相識，還曾經一起報名學瑜珈。失聯幾年後，有一次，倆人意外在臉書發現彼此，從此又翻開新友誼的一頁。當時，還在感情的世界裡浮浮沉沉，而她，已經是兩個孩子的媽了。

地點是她選的，香港。倆人最初理想的旅行地點是去歐洲的義大利或法國，但一個因預算，一個因時間而作罷！後來，她主動熱情邀約去日本或香港，想著自己有些排拒日本，還是選擇了香港。

香港，還能讓人聯想到張愛玲的《傾城之戀》。以及，那些讓人曾經看到廢寢忘食的港劇，小時候收集的港星照片……。還有，希望，可以再渴飲一次那絢麗迷魅的

太平山夜色。

旅程理念與購物習慣的分歧，讓人驚覺，她變了太多。也許，過去沒有真正理解過她。

「我只要有一碗牛肉湯麵加點泡菜就很滿足了！」讀私立大學的時代，她感念父母做工的辛勞，從不敢在物慾上多做奢想。那時，只要有多餘的零用錢，偶爾請她一次最喜歡的可麗餅，她就感激涕零，直呼太幸福。

「我老公給我一張白金卡，說我這次愛怎麼刷，就怎麼刷。」

「妳現在還有在畫畫嗎？我記得妳以前最大的願望是當個漫畫家或插畫家。」

「帶小孩哪有時間？我現在最大的興趣是上網購物，看購物台頻道。」

於是，她開始蒐購 LV、Bally 的皮包，Burberry 的上衣、Pierre Cardin 的高跟鞋……，名牌使她的雙眼發亮。

「這洋裝真好看啊！可惜我變胖了。」

「想必，妳老公很疼妳吧！才使妳發福。」

「才不，是因為他再度偷腥被我逮到，我才有機會削他一頓。」

當下有些愣住，她繼續滔滔不絕。愛情，對她來說彷彿只是個裝飾品，她的婚姻是名存實亡。她說：「只有把日子過好才實際，至少，名牌讓我有榮耀感。」

記得，她過去還會談談《小王子》、《老人與海》，或是讀讀三毛的小說，現在，滿口是購物、名牌、減肥，還有她莫名其妙的頭痛問題。因為做了好幾年的護理師，突然，有一種職業病，想要醫治她。想著，如果開一張愛慕虛榮診斷書，替她醫治，她願意嗎？

葡萄蔬菜汁

材料：

葡萄 —— 10 顆
高麗菜 —— 50 公克
西洋芹 —— 50 公克
水 —— 200CC

調味料：

蜂蜜 —— 1 小匙

作法：

1. 所有蔬果洗淨，高麗菜切片；芹菜切段。
2. 作法 1 加入果汁機中，加水，並加入蜂蜜攪打均勻即可。

TIPS：

葡萄不需要剝皮搾汁，才能攝取到最有美容與抗癌功效的花青素，但切記要清洗乾淨。

小王子的幸福廚房

葡萄可以和橄欖、穀類並列為「地中海」三寶，小小一顆葡萄全身是寶，尤其它的葡萄皮含有豐富的花青素、葡萄籽含有前花青素，是抗癌、抗老化的尖兵。

會選這道果汁，是因為葡萄讓人感覺質樸、單純，卻又有豐富的內涵，和愛慕虛榮的形象是截然不同的。

現代人飲食過於精緻，生活過於奢華的人也比比皆是，選這葡萄蔬菜汁，除了要回歸單純的口感，其中豐富的的纖維質，也可以給體內做好環保，也希望此篇文章能給許多人排除一些心靈毒素，讓人心多崇尚自然、回歸質樸。

幫我畫一隻羊

一直不曾忘記，《小王子》動畫那稚嫩的聲音，還迴盪在耳際。尤其是那一句經典的：「幫我畫一隻綿羊。」

「幫我畫一隻綿羊？」第一次在文字裡看到小王子以誠懇的口氣要求畫一隻綿羊。心想，小王子為什麼想要一隻綿羊呢？而且他一眼就看穿了飛行員畫的不是帽子，而是蟒蛇肚子裡有一隻大象。

飛行員連續又畫了幾次羊，小王子直率的說：「那都不是他要的羊。」直到飛行員不耐煩的隨便畫了一個箱子，說：「你要的羊在裡面！」小王子才說這正是他要的。

常想，小王子為什麼喜歡羊呢？因為羊看起來很溫馴、可愛，值得憐憫。而小王子內心渴望豢養著這樣像羊一樣溫馴、柔軟、溫柔的內在？這隻羊有著奇幻的魔法，能帶領他走向新穎愉悅的旅程？或許，這隻羊代表著小王子心中，一直在追尋與渴望實現的夢想！

雖然，小王子的夢想，對有些人來說有些渺小，卻也讓多數人心生嚮往。然而，實現夢想的結果或許並不那麼偉大，重要的是，為夢想堅定的勇氣或是為夢想付出多少？

曾聽過一位在大企業上班的主管，捨棄兩百萬年薪，回家種有機蔬菜的故事；一位熱愛香草植物的四十多歲女性，寧願負債，也要實現她的野菜花園夢想……。聽起來令人稱羨，也讓人佩服他們敢於追求夢想的勇氣。

但有多少人只是羨慕這樣的勇氣，卻無法付諸執行。

或許，你也常這麼想，當初如果能毅然的選擇自己想完成的夢想就好了？不要受社會眼光的牽絆。或許，你也常常懊悔，如果當初能選擇另一條路，未來一定會更加

美好？但是你就在害怕與猶豫中讓歲月在指間中慢慢流失。因為困難與失敗的猛獸，讓你遲遲畏懼對抗。你也害怕放棄現有的成就與光環，繼續裹足不前，遲遲不敢付諸行動？

而多少人，能像小王子一樣，一而再堅定而直接的告訴飛行員：那，不、是、我、想、要、的？

在保羅・科賀《牧羊少年奇幻之旅》有這麼一句話：「告訴你的心，害怕比起傷害本身更糟，而且沒有一顆心會因為追求夢想而受傷。」

如果，會害怕，或許是太多令你擔憂的事情了，那麼，就緊緊的呵護著那份內在吧！試著從內心信任自己，擁抱美好的想像，即使是受傷，也是因為追求夢想而留下的美麗烙印。

小王子也曾擔憂心愛的玫瑰花被羊吃了，更氣急敗壞的告訴飛行員：「難道花和羊的戰爭不重要嗎？……如果那朵僅有的玫瑰被羊吃了，星星就會變得黯淡無光。」

綿羊曾是小王子亟欲實現的夢想，花兒或許是小王子的愛情。芸芸眾生的你，是否正也徘徊在這二者所產生扞格矛盾。那麼，試著讓內心更柔軟、溫馴吧！要馴服有尖刺的花兒，是要有綿羊的溫馴內在，要實現夢想，就要有一顆不怕受傷的心，只要不害怕，追求夢想的心也會因受傷而顯得更茁壯。

義大利梵諦娜起司沙拉

材料：

小黃瓜——1 條
番茄——1 個
紫洋蔥——1/3 個
紅黃甜椒——各半個
黑橄欖——10 粒
義大利梵諦娜起司——100 公克

調味料：

橄欖油、水果醋——3 大匙
鹽、胡椒粉——1 茶匙

作法：

1. 將橄欖油、水果醋、鹽、胡椒粉混合好，備用。
2. 另將小黃瓜、番茄、紫洋蔥、紅黃甜椒洗淨，切成喜愛的形狀；義大利梵諦娜起司切丁。
3. 作法 1 混入作法 2，食用時裝盤即可。

TIPS：

坊間也有一種費達起司，是用羊奶做的，口味較鹹，在百貨公司超市都有在賣，也可以搭配試試看。

小王子的幸福廚房

許多研究顯示，吃素食的人性格較溫和，所以，我想羊為什麼會那麼溫馴呢？應該跟他草食性有關吧！

這是一道繽紛多彩又健康的地中海型沙拉，其中紫洋蔥含有豐富的花青素，而紅黃甜椒更有豐富的茄紅素與 β 胡蘿蔔素，且這道沙拉全部用生菜，還可以補充人體缺乏的酵素。而起司含有豐富的鈣質，可以強健骨骼與牙齒，如果你是起司的愛好者，那麼就更要試試這道起司沙拉了。

寂寞的回音

與花兒道別後，小王子登上了一座高山。「早安」他殷勤地打著招呼。「早安——早安——早安」回音也不斷地回答著。「你是誰——你是誰——你是誰？」回音又回答。「做我的朋友吧！我好寂寞。」他說。

「我好寂寞——寂寞——寂寞」回音再答。

不知何時開始，寂寞好像是一種病毒，蔓延了整個城市。從一場寒流開始，寂寞先生、寂寞小姐、寂寞哥哥、寂寞弟弟、寂寞奶奶、寂寞女傭一家人都感冒了，每天不停咳嗽，更嚴重的是，在大企業擔任主管且博學多聞的的寂寞先生看了報紙發現，全家人感染的感冒裡夾帶著一種強大的病毒，叫做寂寞病毒，會讓人一直耽溺於寂寞的氛圍中，久久不能自拔呢！

果然寂寞啊！寂寞先生說他慨歎自己雖然一直升官，在公司裡，表面上人人敬畏他，可是很多人私底下卻在詆毀他，回到家裡累得沒時間陪太太、小孩，生活只剩工作和睡覺，一種寂寞的感覺不斷在蔓延！

是真的寂寞！寂寞小姐覺得，家庭、事業兩頭燒的日子過膩了，老公常常不在家，小孩難管教，最近身體很差，公司又一直加班，不能隨心所欲過日子的感覺真寂寞啊！

「誰都沒有我寂寞。」寂寞哥哥說他整天被逼著補習，考上好學校，每天十幾個小時都花在讀書上，這並不是他喜歡的生活啊！

「什麼是寂寞？全家都在說寂寞！」寂寞弟弟想，可能寂寞就是一種沒人關心或了解的狀態吧！的確，寂寞弟弟覺得爸媽整天限制他電腦遊戲，不懂他對電腦的熱情，哥哥和他搶著看電視，又總是不看他愛看的。

「自從老伴走了後，常常感到寂寞。」寂寞奶奶想，以前身旁有個老伴，雖然是互相叨唸、鬥嘴，生活總是有個寄託。如今雖有個兩個可愛的孫子，但總是不聽話，也不喜歡陪奶奶說話。

「怎麼能不寂寞！」自從來到異鄉當幫傭已經三年，這三年從學習語言、學習做菜、學習當保母、做家事……沒有一天不忙碌，已經做得很累了！可是主人總是不滿意，常常嫌菜做得難吃、小孩帶得不好。

生活在這個擁擠的城市的人，都難免感到寂寞吧！無論你是男是女，是貧窮是富有，是單身還是有個對你呵護倍至的愛人，無論你是來自於幸福美滿的家庭，還是有個苦難的童年，寂寞似乎是人生必修的功課！

寂寞來臨的時候，就像掉入深淵般的孤寂，一種被全世界遺棄的巨大空洞，許多感到寂寞的人都渴望別人來填補內心的缺口。或許，寂寞只是一座莊嚴的山，它要你擾嚷的內心，學習山的沉默，山的寧靜。或許，寂寞只是空虛的回音，不必執著在空虛的狀態裡，學著從空虛裡釋放出來，就是走出寂寞的第一步。

不寂寞紅酒水果釀

材料：

紅葡萄酒 —— 150CC
罐裝蘋果汁 —— 1000CC
藍莓、葡萄 —— 少許
柳橙、奇異果 —— 半個
小番茄 —— 數個

作法：

1. 柳橙去皮、切片，放入混勻的紅葡萄酒和蘋果汁中浸泡一晚，放入冰箱冷藏。
2. 葡萄、藍莓洗淨，奇異果去皮切片，番茄洗淨、切小片。
3. 作法 2 加入作法 1 浸泡約 2～3 小時，飲用前可依個人喜好加少許冰塊。

TIPS：

可以隨自己的喜好，在酒中添加不同口味的水果，如果選擇的水果較甜，就可以選用不甜的紅葡萄酒。

小王子的幸福廚房

根據一項西班牙研究顯示，每天喝一小杯紅酒，有助於預防憂鬱症。過去，更有許多醫學報導指出多吃蔬果可以減少憂鬱的傾向，最新報導更指出多吃番茄可以減少憂鬱症，而奇異果也有安定情緒、促進睡眠的功能。

一直認為，容易覺得寂寞也是憂鬱症的一種，寂寞和孤獨是不一樣的，孤獨是一個人，但他內心並不一定是空虛的。可是，寂寞是無論他是不是一個人，有沒有人陪伴，他都是失落、空虛的，要避免不寂寞的情緒，除了要想辦法讓內心充實，相信吃對了好食物，也能更增添幸福感。

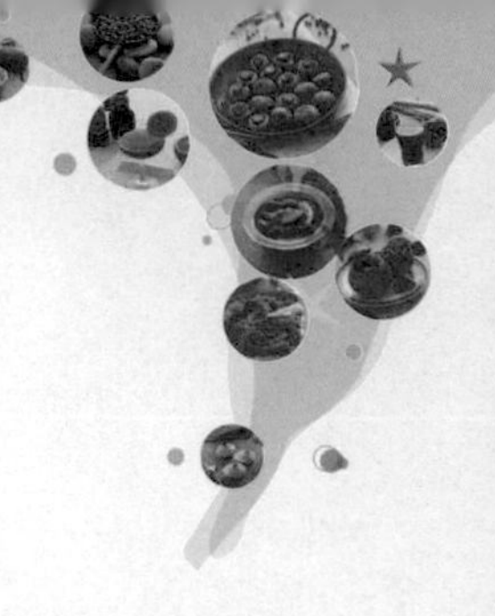

心靈活水

小王子的作者——我（飛行員）在沙漠失事的第八天，對著小王子說：「你的歷險故事真精彩，但我還無法修好飛機，也沒有水可以喝了，如果我還能優哉地去找一口泉水，那我會相當幸福！」於是，小王子帶領了飛行員去找一口井，走了好幾個小時，因為渴得厲害，飛行員問小王子：「你也渴了嗎？」小王子沒有回答，反而這麼說著：「水對心靈也是有好處的……。」

應該有許多人都相信，水不只是我們每日的生理所需，更是滋養心靈的一帖良方。不知忘了何時開始，喜歡往有水的地方跑，無論是山澗裡的潺潺小溪，或山谷深壑間的飛瀑，還是湛藍的海水，都令人多了幾分遐想。每當回到大自然的懷抱裡，那些隨著在工商社會與人競爭的優勝劣敗心理，漸漸消失，徜徉在山林，諦聽海濤，真有寵辱皆忘、心曠神怡的開闊情懷。

多年前，讀了朱熹的那首〈觀書有感〉：「半畝方塘一鑑開，天光雲影共徘徊，問渠那得清如許，為有源頭活水來。」銘記在心中，久久不忘。朱熹用澄澈的心靈，來觀照欣賞身邊的風景，感受到讀書時，豁然開朗如活水，這似乎呼應小王子說的：「水對心靈也是有好處的。」

但在這個不確定的年代，政治詭譎、經濟蕭條、媒體大量散播資訊病毒、感情瞬息萬變的時刻，如果身體跟心靈沒有很好的免疫力，就容易生病，前陣子，也疑似自己有所謂的憂鬱症，每到夜裡容易失眠，或是很早就醒來，甚至持續很長的時間，皆有偷偷苦泣的情況。

如果有一顆澄淨的心靈，就可以含納生命中很多美好的事物。

是那天，他帶我去那個撒滿了綠光的森林，啁啾的鳥鳴如流水般從耳朵灌入，森

林裡的芬多精就像喚醒細胞的小精靈，走在沁涼的空氣中，沿途喝著朋友親手泡的花茶，剩下那股因工作壓力所淤積的殘念，也都消融成天地英華，在這裡，只有盡情享受山光水色。

我們走到吊橋前，看著潺潺的溪流，裡面幾隻游魚在自得其樂，一隻腥紅的蜻蜓為大自然劃上一筆新註解，朋友忙著攝影，捕捉蜻蜓的倩影，而漾開的水波，如一抹微笑。

這些年，偶爾會煩惱人際關係處於紊亂不清的階段，有些朋友或同事因為理念與利益衝突讓彼此關係變得緊張，在競爭的都會生活常顯得工作壓力大，完成不了父母的期望，執著逝去的親情、愛情，為了生活不能全心做自己……。有時覺得生活就像一灘死水，回家懶得閱讀，出門懶得交際，曾讓自己的思緒攪和如泥，筆間滴不出一滴墨水，就好想念那些曾經文思泉湧的日子。

往觀瀑區前進，飛瀑如一尾盤踞在山間的白蛇，在等待著我們，越走近，滂沱如雨的水珠，淅瀝瀝、嘩啦啦噴濺而來，而那不斷奔湧而來的水花，猶如醍醐灌頂，頓感生命中的活水，挹注出一股龐大的生命力量。

看著飛瀑奔騰的磅礡氣勢，但重疊的山巒卻仍以儼然端正之姿守護著，山巒的韻藉更顯豐沛的山泉瀑布之婆娑，經緯出大自然共生共榮的氣象。再走近清澈如鏡的水面，掬起一口山泉水，好沁甜的滋味。

與大自然是最容易產生和諧的吧！如果拋開一些市塵之念，讓自己舒展身心，體驗「物我兩忘」的境界，相信生命裡的活水將會不斷湧入。

番茄西芹甜椒汁

材料：

番茄——1個

甜椒——半個

西芹——半支

水——適量

調味料：

蜂蜜——少許

作法：

1. 蔬果洗淨；番茄、甜椒、西芹切塊。
2. 作法1加入果汁機，再入蜂蜜，加開水攪打均勻即可。

TIPS：

可以依此概念，打同一色系的果汁，像是黃色系可用鳳梨和柳橙搭配，紫色系可用葡萄和藍莓搭配，每天喝不同顏色的果汁，可以均衡的攝取到不同的植化素。

小王子的幸福廚房

這是一道高纖維、低熱量，卻含有豐富茄紅素與芹菜素的果汁，很適合減肥的少女及有三高（高血壓、高血糖、高血脂）的人喝。當然，也適合健康、充滿活力的人，純粹的喜歡果汁的繽紛美味。

在溫煦的午后，為自己打杯美味健康的蔬果汁，攤開一本書閱讀，或是聽聽音樂，願這杯鮮紅營養的蔬果汁，成為你的心靈活水。

小王子的愛情濃湯 & 熱飲站

小王子雖想忠誠於玫瑰，卻還是離開了玫瑰，

但愛情太短，遺忘太長，

自始自終，小王子依舊牽掛著他的玫瑰。

你的愛情呢？是否像濃湯、熱飲一樣曾溫暖你的心？

還是像玫瑰鮮豔卻帶刺傷人？

無論愛情是否美好，永遠不要放棄對愛的追求與付出！

小王子與他的玫瑰

在很年輕的時候就讀了《小王子》，都不理解為何聖修伯里為什麼要寫小王子如此眷戀那朵玫瑰，明明就是一朵驕傲而虛榮的玫瑰花，只是光有美豔動人的外貌罷了。

但牢記在小王子這些話：「全怪我那時候什麼也不懂，我該根據她的行為，而不是根據她的話來判斷，她讓我的生活變得芬芳多采，為我點燃明燈，而我卻離開她。我真是不應該呀！我應該看得出來，在她驕傲的外表下，蘊含多麼深刻的情感，多麼矛盾的花兒呀！只怪我那時太年輕，根本不知道如何去愛她。」

一直以來，小王子的純真與悔悟，讓人感到小王子的心是潔淨無瑕，非常柔軟的，而那朵玫瑰有什麼好同情的？一直到漸漸成長，並讀了《小王子的玫瑰》。就不難聯想，原來小王子口中的玫瑰，就是聖修伯里口中摯愛的妻子康綏蘿。也因此，若能從一個女性的角度，去探勘她內心深處的苦痛，就更能明瞭，小王子為何喜愛那朵獨一無二的玫瑰。

康綏蘿二十七歲就經歷了二次喪夫之痛，她的第一任丈夫是墨西哥軍官，結婚兩年後死於一場革命，第二任丈夫是瓜地馬拉的作家，擁有阿根廷國籍，卻也是阿根廷領事，他死後留了大筆的遺產給康綏蘿。康綏蘿經常周旋於巴黎藝文界的菁英當中，她撩人的美貌、熱情高調的舉止、滔滔不絕的演說功力，不難讓人聯想，是朵動人卻驕傲的玫瑰。

康綏蘿是薩爾瓦多人，她和聖修伯里的愛在布宜諾斯艾利斯萌芽，並在幾次飛行中，開始陷入熾熱繾綣的愛戀，但聖修伯里保守的家庭對康綏蘿的歧視，聖修伯里不穩定的飛行生涯、不安定的靈魂，以及每況愈下的工作，使兩人感情產生變化，康綏蘿欲提出分手，聖修伯里卻不肯放手。而他卻接受有錢有權的企業家—蘭莉資助（除

了旅行箱、筆，甚至還送他一架飛機），這使康綏蘿發飆，但這卻沒有影響聖修伯里拒絕蘭莉，以及停止對康綏蘿的愛，而康綏蘿儘管痛苦，依舊還是無法離開聖修伯里。

可能是為了釋放痛苦，康綏蘿更加放縱、耽於聲色，她將自己打扮的亮麗迷人，平時出入高級宴會、畫展，生活更是揮霍無度，也引來許多詩人、醫師這些男人在她身旁打轉……，加上他們之間漫天而飛的謠言以及康綏蘿婆婆的偏見，都讓這段感情萌生危機……。但聖修伯里卻持續不忠，也繼續著保護著康綏蘿，尤其是母親或蘭莉批評指責康綏蘿，他更是義無反顧的護著她，替她說話。而這朵玫瑰曾擁有過愛的滋潤，卻也顯得那麼孤獨、憂傷。

誰都明白，玫瑰多刺，卻芳馥迷人，可是若怕刺傷，怕淌血，就不去愛，那麼將失去觸摸花瓣內心深處的溫柔、嗅聞不到花朵的芬芳。

也許，也曾失去一段曾經美好的愛情，因為害怕那種椎心刺骨之痛，狠狠的告訴自己不要再愛了。也許，也曾是《小王子》裡那朵驕傲的玫瑰，告訴小王子說：「我不需要玻璃罩，而且我身上有刺，不怕蟲子或獸，要對方趕緊離開。」但自尊心強的同時，卻抑遏不了內心的脆弱，原來，玫瑰再驕傲，終究還是需要愛與關懷。

或許，每個女人都希望，自己就是所愛的人心中那朵獨一無二的玫瑰。可是，這世上連聖修伯里這麼深情的「法蘭西烈士」，都如張愛玲筆下所言：「也許每一個男子全都有過這樣的兩個女人，至少兩個。」這兩個，一個是如心口硃砂痣的紅玫瑰，一個是如床前那道溫柔月光的白玫瑰。

玫瑰奶茶

材料：

法國玫瑰 —— 1 匙
牛奶 —— 200CC
熱開水 —— 200CC

調味料：

蜂蜜 —— 適量

作法：

1. 將玫瑰放入壺中，沖入熱水，浸泡 5 分鐘。
2. 將牛奶加熱，再倒入沖泡好的玫瑰茶，待沸騰後即可熄火。
3. 作法 2 加入適量蜂蜜即可食用。

TIPS：

1. 玫瑰花用蜂蜜調味比其他糖類口感佳。
2. 坊間也有買一些玫瑰果壓碎的混合立體茶包，也可以買回來試試。

小王子的幸福廚房

玫瑰的品種有很多，為了配合小王子，我特地去原料行買法國玫瑰，玫瑰除了沖泡，也很適合做蛋糕、果醬、果凍 。在靜謐的午后，泡上一壺玫瑰果茶搭配幾片手工餅乾，閱讀一本喜愛的書，如此幸福，夫復何求？

兩座活火山

小王子有兩座活火山，他都用他們來煮早餐，非常方便。他還把他的另一座活火山也一併打掃了，因為他覺得這座火山目前雖然是死的，說不定哪天又開始活動起來呢！

這兩座活火山不難讓人聯想是聖修伯里的妻子康綏蘿與她的情人蘭利・德浮葛。哥倫比亞駐巴黎大使傑曼・亞西尼卡亞曾這麼形容聖修伯里的妻子康綏蘿：「就像薩爾瓦多的小火山，在巴黎的天空噴出火焰。」薩爾瓦多是中美洲南部的一個火山頻仍的國家，康綏蘿就是薩爾瓦多人。她熱情洋溢，富有語言天分，冶豔動人，是個詩人、畫家、雕刻家。而聖修伯里的情人蘭莉是個成功的企業家，能給予他物質生活的滿足。

在純真的小王子身上，讓人想到的是活火代表的熱情，而更深一層的涵義，活火山指的就是愛情，因為愛情，是讓我們燃起內在的火燄的，因為愛情，會讓我們內心發光、發熱。

但過度燃燒的火燄是會傷人的，活火山帶來轟轟烈烈，令人飛蛾撲火的著迷，卻也讓人灼傷，能想像聖修伯里承受著愛情美好裡的壓力。

如火山般燃燒烈焰的愛情，讓人想起另一位墨西哥畫家，芙烈達．卡蘿。電影《揮灑烈愛》裡，揭示了卡蘿一生最深沉的痛楚，她六歲得了小兒麻痺，十八歲出車禍，公車扶手的鐵棒刺穿進她的身體。從此歷經了三十多次的手術，三次的流產，而她深愛的男人－迪亞哥．里維拉，不僅外遇不斷，甚至還染指她的妹妹。

芙烈達．卡蘿說：「兩次意外嚴重折磨我的一生，一次是車禍，另一次就是迪亞哥。」而她濃烈高調的情慾表達，正如她那倆道濃眉，既深情又剛烈，既高調又狂放，她赤裸裸的在畫裡展現她自己，她的痛苦，她的孤獨。

康綏蘿與卡蘿這兩個性格濃烈、行事高調又勇敢的女性，都同樣是畫家，也同樣被深愛的男人背叛。她們美豔、驕傲，卻又脆弱、纖細。她們同樣都讓身邊的男人離不開她。

她們的性格，也讓她們擁有活火山般的愛情。而那噴湧著炙熱的岩漿，固然驚奇、美麗，卻也是危險的，難以掌握的。這樣的愛情，令人嚮往、沉迷，卻也讓人恐懼、害怕，害怕那火山驚爆一瞬間，所帶來的災害、苦難。

希望也擁有火山般的愛情嗎？那麼就轟烈一次吧！如果不夠勇敢，千萬別貿然嚐試，因為火山燎原的愛情，可能燙傷自己，灼痛所愛的人，那炙人的岩漿，可能會釀成無可挽回的殺傷力呢！

薩爾瓦多火山（調酒）

材料：

柳橙汁 —— 50CC
杏桃汁 —— 50CC
醋栗汁 —— 50CC
伏特加 —— 20CC
柳橙片 —— 少許

作法：

1. 將所有的材料放入調酒的雪克杯中，加入冰塊。
2. 作法 1 再倒入酒杯，再加入柳橙片即可。

TIPS：

醋栗汁和杏桃汁在一般商店較難買到，可到百貨公司的大型超市較容易購得。

小王子的幸福廚房

　　這道調酒，有濃濃的水果香，無論男女皆適宜。但無論酒量好不好的人都應該要淺嚐酌飲，以免不小心喝醉。

　　因為這道調酒的顏色與口感都讓人感到濃烈、高調、溫暖，很像康綏蘿的熱情，故自己命名為薩爾瓦多的火山。要不要試著啜飲一口薩爾瓦多的火山呢？

離星星那麼遠，離愛情那麼近

小王子拜訪的第四個星球住了一個商人，商人聚精會神的工作，每天不停的算數，「三加二等於五，二十二加六等於二十八……，啊！總共是五億一百六十二萬……。」

小王子問了一下商人說：「五億一百萬個什麼呢？」

「就是可以在夜空看見的那些小東西嘛！」商人回答。

於是，又展開了他們的對話：「喔！您說的是星星，但您要這些星星有什麼用呢？」

「沒幹什麼，我只不過擁有它們而已。」

「擁有這些對你有什麼好處呢？」、「這會讓我覺得很富有啊！」

小王子不懂得商人為什麼認為擁有這些星星是大事，他說：「要是我有一條絲巾，我就把它圍在脖子上戴著走，要是我有一朵花，我也可以把它摘下來帶在身邊，可是你總不能把星星從天上摘下來……。」

對於什麼是重大的事情上，小王子和商人的看法都非常不同。像是對愛情的理解，對愛情的定義，每個人都不同。

就像對愛的定義，和她有多麼不同。她說，她的愛人就像是天上的那顆星星，離她已經越來越遠了，他也曾經像電視廣告般的浪漫，讓她擁有美麗的鑽石，人人稱羨的，美好愛情。可是，這一切多麼短暫啊！就像滿天閃熠耀眼的星星，似乎都唾手可得，可是好遙遠啊！因為他將要離開了，而且，不再回來。

妳告訴她，為什麼一定要擁有呢？所有的控制、占有，都不過是無形的監獄，想要牢牢鎖住對方，將對方視為愛情的囚犯而已。

妳說，妳也曾經擁有過人人稱羨的美好愛情。那愛情，曾美得如清晨的露珠，美得像天邊那一朵雲，美得似夜晚閃閃爍爍的星星。而曾經和妳擁有美好愛情的他，多年前就離開了妳身旁。可是，他不曾在妳心裡或眼裡，離開。

「雖然，不能把天上的星星摘下來，但是滿天的星星對每個人都代表著不同的意義。」妳說。

滿天的星星有時寂寞，有時微笑。寂寞時，妳感傷他的離去，卻也感傷自己和星星永遠在不同的世界裡，永遠無法交集。而微笑的星星，讓妳的想法也帶著光，溫暖了妳的心房。

愛一個人，不應該像是擁有無數星星的商人，整天只會計算著妳擁有了對方多少的愛，對方給予妳多少。

愛一個人，可以仰望著滿天的星星，就算有觸摸不到的感傷，也應該相信星星能照亮靈魂的暗夜，如果滿天的星星，有一顆代表愛情，那麼，就算不擁有愛情，愛情也會常駐於心。

這世界，沒有一樣人、事、物是可以永遠擁有，包括愛情。但是，只要心中有愛，不要放棄相信美好的愛情，那麼，愛情永遠會乖乖的陪伴身旁，不會走遠。

法式胡蘿蔔濃湯

材料：

胡蘿蔔 ——————350 公克

馬鈴薯 ——————100 公克

鮮奶油 ———————10CC

材料：

鹽、胡椒 ——————少許

作法：

1. 胡蘿蔔、馬鈴薯去皮、切塊；放入加了鹽的水鍋內，煮沸，冷卻，備用。
2. 作法 1 加入果汁機中，再加入鮮奶油及所有調味料，用果汁機攪拌均勻。
3. 作法 2 盛入湯盤，可買自己喜歡的模具，將胡蘿蔔片扣出星星的形狀，放在湯上面裝飾即可。

TIPS：

此湯也可以叫做胡蘿蔔冷湯，所以在上面淋點優格也別有一番滋味！

小王子的幸福廚房

這道法式胡蘿蔔湯，胡蘿蔔與馬鈴薯的搭配讓湯裡含有豐富的 β 胡蘿蔔素及維生素 E。除了補充營養，美容養顏，其濃濃的奶香味讓湯喝起來更香滑順口。

這道胡蘿蔔濃湯冷熱皆宜，夏天的時候可以煮涼的，而冬天的時候可以煮熱的，自己一個人的時候，可以煮給自己喝，寵愛自己一下。而有心愛的另一半，可以為他（她）煮一碗愛情濃湯，相信，他（她）更能感受到你心中濃濃的愛意。

來自星星的你

韓劇《來自星星的你》講述外星男子都敏俊從外太空來到四百年前的朝鮮，並一直生活到現代，和女演員的千頌伊的浪漫愛情故事。都敏俊是由南韓人氣小生金秀賢飾演，外表雖然冷酷，心思卻細膩敏感，千頌伊則是由全智賢飾演，冷艷動人與誇張搞笑演技，發揮了她成熟女人的魅力，雖是不同星球的兩人，卻可以泯除彼此之間的誤解，克服各種困難與危險，追尋真愛的故事。

在《小王子》裡，當飛行員說他有很重要的事情，小王子氣得臉色發白，他認為羊和花之間的戰爭難道不會比紅臉胖大叔的帳目重要嗎？小王子漲紅著臉繼續說道：「千千萬萬顆星球當中，如果有人愛著這一株花兒，他只要望著那顆星球，就足以感到幸福……。」

曾經，你也是我愛情裡那顆孤星，深邃，且遙遠。就算在千萬閃爍的星群中你依然耀眼，因為你的自信與獨特的傲氣，能讓你與眾不同，發出閃熠動人的光芒。

或許是因為孤獨，你也是一顆無人能理解的星，他們都說你簡直就是個外星人，你不只是我愛情裡的外星人，你更是眾人眼中的外星人。

你曾經引用那本《質數的孤獨》來巧妙的比喻我倆的關係，你說我們都是孤獨的質數。什麼是質數呢？質數就是除了1以外，只能被自己整除，像是1、2、5、7，於是，每個人，最終都在自己的星球裡，體會孤獨。

而你的孤獨恰似最美的光芒，那是令人堅強茁壯的光，也是令人想取暖的光。而你的孤獨交會我的孤獨，在被自己整除之外，我們還有1，那1可以是無限的，可以涵蓋著愛、信任、理解、關心、包容……。

可是你說：我們恰似孿生的質數（11，13），（17，19），雖有兩者相差皆為2

的共通點，即使成雙成對，依然是在彼此的星球裡各自表述，存在著一定的距離。

於是，你離開，你說，擁抱彼此的孤獨或許也是一種幸福。

過於冷靜、成熟、世故的你。當然，也不會相信那些浪漫的偶像劇，如大明星和大教授無論倆人有多麼大的差距，無論是不是來自不同星球，只要有真愛，就可以去除一切心牆、隔閡。

你已離開，卻仍然想像自己還活在屬於你的星球裡。

你在課堂上意氣風發的講著微積分，解著許多人這一輩子都解不開的數學難題，而最後，我是你唯一的聽眾。

你在法國的蔚藍海岸一字一句的教著我法文、歷史，而海與天藍得那樣藍。

你在台北的天空裡，帶著我看繪畫展覽，吃義大利麵、墨西哥料理，品嚐著生命中最美好的片刻。

你是我愛情世界的外星人，卻是我感情寄託的最閃亮那顆，恆星。

法式楊桃水果茶

材料：

楊桃 —— 2片
鳳梨 —— 2片
藍莓 —— 5～10粒
柳橙汁、新鮮檸檬汁 —— 50CC
新鮮檸檬片 —— 少許
茶包 —— 2個

材料：

蜂蜜 —— 1小匙

作法：

1. 鍋中倒入2杯水，再倒入柳橙汁、檸檬汁，並放入切好的鳳梨、楊桃、新鮮檸檬片以及藍莓，以小火煮20分鐘。
2. 果汁煮好後，加入蜂蜜，最後放入茶包，稍後將茶包取出即可。

TIPS：

因為是改良式的法式水果茶，所以加點不同的水果或果乾，都別有一番風味喔！

小王子的幸福廚房

這是一道改良式的法式水果茶，運用不同水果的搭配來挑逗你的味蕾，所謂改良式，是其中加入了產於熱帶亞洲的楊桃。

由於文中有提到星星，令人聯想起和星星有關連的水果，英文稱楊桃為star fruit（星星果），所以加入其中。你是不是也覺得，楊桃清新又酸甜的滋味，也容易讓人想起愛情的滋味呢？

那口井裡的雲影天光

《小王子》的作者——「我」（飛行員）在沙漠第八天後，和小王子一起要去尋找水井，後來，小王子累得坐下來，過了一陣子才開口說：「沙漠很美麗，沙漠為什麼會這麼美？是不是因為某處藏了一口井呢？」

後來，他們找到那口井，不像是撒哈拉沙漠慣有的井，卻像是鄉村裡常用的水井，小王子笑著伸手去碰繩索，說：「你有沒有聽到？我們喚醒這口井了，它正在唱歌呢！」

井的意象，容易讓人聯想到鄭愁予那首〈天窗〉：「每夜，星子都來我的屋瓦上汲水／我在井底仰臥著，好深的井啊。」這麼美的意象，也容易讓人聯想到愛情。

如井般的愛情，我們是不是也曾經有過？匍匐在情感的沙漠裡，像是跋涉千里而感到漫無盡頭，卻很乾渴時，突然發現一口甜美的水井，那沁涼甘甜的水井，頓時豐盈了你原本乾涸、枯燥的人生。

或者，也曾是那些汲水的星子，渴望在深邃的井裡，汲出充沛的水。而從心裡湧泉而出的，或在血管裡淙淙流著的，那沁涼的井水，正是那新鮮，能撫慰人心的愛情。

又或者，你就是那一口靜謐、無波的井。就如一面圓鏡，靜靜的反映著美好的景色，初升的朝陽、潔白的雲朵、蔚藍的天空、姣好的月色……，從日出到日落，從白天到黑夜。或許，你正等待著一顆石，投向水井，讓水面泛起漣漪。

你說：「這個城市是撒哈拉沙漠，比你想像中遼闊，而在乾涸過後，終於找到那口井！」這城市的確遼闊，尤其讓你的事業羽翼豐厚，尤其讓你累積了豐富的人脈。你年紀輕輕就進入百大企業，從此事業一帆風順、振翅高飛……。也因此，你擁有眾人眼中「三高」的條件——高學歷、高收入、高身材，當然，你也擁有特別挑剔另一

半的眼光。

終於，在你三十四歲那年，你認為自己尋覓到你心中所愛，也如願的打動了她的芳心。她不是絕頂美女，卻有清秀可人的外表，而且氣質清新。

你和她度過許多浪漫而溫馨的時光。你們在午夜裡一起緊緊相依看煙火，你們一起去看繪畫展覽，你們也常常共進浪漫的晚餐……。她喜歡讀小說，常常和你分享一些心得，那些小說你通常沒讀過，常聽過就忘。不過，你最記得，她說很喜歡金庸小說《天龍八部》中的一篇〈枯井底，污泥處〉，男女主角段譽和王語嫣在枯井底開始他們的愛情，段譽說他一生最快樂的時光，就是在那個枯井。

但再多的浪漫，也無法涵蓋全部的現實生活，你們的感情真正的變成了一個枯井。熱戀期，你願意為她撥出時間，但眼看事業漸走下坡，好強的你怎能不在意，你變得應酬多了，脾氣暴躁了，你們的價值觀也產生嚴重的分歧，諸如你喜歡開 B 字頭的車，她批判你虛榮，諸如她總是用文學藝術的眼光看這世界，讓你感到不切實際又不耐煩，一直到那天，她說出了那句「你金玉其外，敗絮其中」的話，讓你像隻憤怒的獸，毅然決然提出分手。

如今，你依然相信愛情是一口井，那口井，可能還是乾枯的空井，等待蓄積著愛的能量，讓愛的能量如清泉一樣注入，而那井面，會再浮現美好的雲影，天光。

堅果奶茶

材料：

綜合堅果 —————— 50 公克

鮮奶 ——————— 100CC

紅茶包 ——————— 1 個

材料：

蜂蜜 ———————— 1 大匙

作法：

1. 綜合堅果用湯匙或刀子碾切細碎。
2. 準備 300CC 的沸水，放入紅茶包，沖成紅茶。
3. 作法 2 加入作法 1，再加入鮮奶、蜂蜜，用湯匙攪拌均勻即可。

TIPS：

綜合堅果也可以放進烤箱烤一烤再加入奶茶，喝起來會更香。

小王子的幸福廚房

天光雲影是取自於朱熹的＜觀書有感＞：「天光雲影共徘徊」，小王子裡的那口井總讓我想到一面鏡子，而鏡子又讓我想到天光雲影的句子。

如果要將喝的飲料比喻成井，我直覺就想到奶茶，相較於咖啡，我更喜歡奶茶的耐人尋味！紅茶的馥郁搭配濃醇的奶香，真是天生一對呢！這很像個性互補的戀人，雖然那麼不同，卻又那麼相近，再加點堅果，就像是愛情裡美好的鑲嵌，說是雲影天光也不為過吧！

市面上販售的奶茶，很多都是加奶精，撇去口感不說，對健康的影響才更令人擔憂。所以，喝自己沖泡的堅果奶茶，盡情享受自己所注入的，愛的能量吧！

遺忘，惦記愛情的恥辱

第三個星球上，住著一個酒鬼，小王子停留的時間很短，卻使他很沮喪。在一堆空瓶子和一堆裝滿酒的瓶子當中，坐著一個沉默的男子，小王子問他：「請問，你在做什麼呢？」

「我在喝酒。」

「為了遺忘。」

「遺忘什麼？」

「遺忘喝酒的恥辱！」

曾經，妳對愛情的上癮，也像酗酒醉漢般，戒不掉！而現在，只能在雞尾酒裡，再體會愛情的微醺。

他對妳的情愫，就像他為妳點的那杯蔚藍海岸，在妳心中是那麼深邃、寬廣。可是，妳感到害怕，一種強大的不安全感，在暗地裡波濤洶湧，讓妳既對愛情嚮往，又充滿了抗拒！儘管他的經濟條件不錯，儘管他是這樣的溫柔體貼，儘管他也向妳求了婚，可是，妳就是很難敞開心懷。

「我們感情已經很穩定了，我究竟那裡不好？」他總是這麼問。

後來，妳發現問題不在他，而是自己。

原來，妳還是無法忘記上次那段愛情給妳的恥辱與傷害。經不起他的一再柔情攻勢，妳終於全盤說出自己內心的罪惡感！在二十一歲那年，盲目的愛情讓妳未婚生子，母親知道這件事情後，不但毒打妳一頓，還狠狠的責怪，罵妳識人不清。但妳更無法相信，那個不負責任的的男人，真的，就、這、麼、跑、了！多年來，每當睡前，黑夜是一只巨大的黑鍋，而妳是那還未闔眼就丟到熱鍋的魚，無論如何翻身，怎麼也逃離

不了那種疼痛與傷害，最折磨人的是，那些令人痛苦的往事，就像按了 REPEAT 鍵的影片，不斷在腦中上演。

這些年來，妳不只要忍受教養小孩的辛苦，還要常常接受母親否定而尖刻的批評，說妳是個賠錢貨，讓她老了還要為妳和小孩的生計煩惱。

「管妳媽怎麼說，我不覺得妳拖累我就好了。」不管他如何勸說，妳總是將心封閉起來，無法接受他的求婚，甚至逃避見面。

直到有一天，他在附近的巷子口和妳不期而遇。但知道他其實已經徘徊許久，妳看他神情憔悴異常，並且胸前戴著一個非常大的十字架，和以前迥然不同的裝扮。

看他這樣，妳不禁主動跟他說：「我從不知道你信教！」妳忍俊不住，噗哧一笑。

「可以聽我說說話嗎？」看了他嚴肅又失意的表情，開始有點心疼。

「我最近做了一件事，使我不得不一直戴著這個十字架，時時譴責自己。」

他於是說出：「前陣子因為工作壓力大，母親多叨念了幾句，我不小心推了她一把，讓她受傷了，雖然母親事後原諒我了，但我還是無法脫離自己的愧疚，時時責怪自己！」

「這樣你就要一直戴著十字架嗎？我勸你卸下它吧！戴著只是跟自己過不去，旁人看了也不好受。」

這時，他開口了：「那妳呢？妳卸下十字架了嗎？」

妳這才恍然大悟，想起他曾經提起，要一起去希臘，感受濃濃的地中海風情，相信那裡更能療癒，「總是想遺忘卻又惦記住愛情的恥辱」。

湛藍地中海（調酒）

材料：

鳳梨汁 ———— 100CC
萊姆汁 ———— 50CC
白色蘭姆酒 ———— 30CC
藍色柑橘糖漿 ———— 30CC

作法：

將所有的材料放入雪克杯中，加入冰塊搖勻，再倒入酒杯即可飲用。

TIPS：

如果有點懂調酒，又不喜歡藍色柑橘糖漿，可以選用藍柑橘香甜酒，販售價格大概是藍柑橘糖漿的三倍。

小王子的幸福廚房

　　這道調酒適合浪漫，喜歡地中海風情，想感受一下調酒滋味的女生。當然，喝了會有溫暖的感覺，能促進血夜循環，也適合容易手腳冰冷，酒量卻不佳的女生。

　　如果，你有點酒量，又懂得雞尾酒，可以直接把糖色柑橘糖漿換成藍色柑橘酒，這樣後勁力比較強一點，適合稍有酒量的男女。

　　「湛藍地中海」這道調酒的靈感，是取材於湯姆 · 克魯斯主演的電影「雞尾酒」，他在片中飾演酒保，最拿手的調酒即稱為「蔚藍海岸」，而「湛藍地中海」明亮的藍，是不是讓憂鬱的失戀心情反而更有了療癒作用呢？

理想情人是個外星人

小王子來自「B612」小行星，是純真可愛的外星人，他似乎是飛行員（也應該說是作者聖修伯里心中反璞歸真與純摯的愛一種理想的具體形象）。

韓劇《來自星星的你》男主角都敏俊是來自 KMT184.05 星球的外星人，他是四百年前墜落在朝鮮的外星人。也許就因為是外星人，使他擁有和四百年前一樣英俊的外貌，也因為他是個外星人，所以不只學問淵博，懂歷史與醫學，懂理財投資，還特別的溫柔專情，這麼好的外星人，就是大家理想中的情人。

許多女人窮極一生都在尋覓愛情的美好，找尋心中的理想情人。可是，大部分的女人都失望。有些女人將愛情當成一種附加的榮耀，永遠在計較著對方的條件，希望對方賺的錢比自己多，不停在計算著對方愛自己是否比較多？而有些女人是外貌協會，太矮太胖的男生他不要，如果有高、富、帥的條件就更好了。更有些自認為條件不錯的女人，必須符合他心中「三高」的條件，身材高、學歷高、收入高，於是遲遲還未找到他的 Mr. Right。

「下一個男人會更好？」可是許多女人怎麼找，都發現，下一個男人不但沒有更好，反而和他理想情人的形象背道而馳。「或許，這世上根本沒有所謂的『理想情人』這回事。」一個年近四十，身材臉蛋依舊保養得宜，事業也小有成就的友人曾經這麼說。更有一位任性而驕縱的富家女曾經這麼說：「地球上的好男人都死光囉！」乍聽這句話只覺得她心性高傲，眼高於頂。但隨即又想，其實，地球上沒有所謂的「理想情人」這回事。

所以，理想情人只能是個外星人，就因為外星人可以給我們無窮無盡的想像，就因為外星人他或許有我們做不到的超能力，他或許能克服地球女人不要的缺點，融合

所有的優點。那麼，即使他是和我們活在不同的星球、不同世界，那又何妨呢？

許多關於愛情的至理名言都這麼說著「真愛無國界」，是的，真愛的確無國界，也並非生活在倆個不同世界的人就不能相愛。有時，不同世界的人反而更增添了一份神祕的色彩，反而讓人更嚮往，因為，人總會渴望自己沒有的，而愛情，就美在那份你從來不曾擁有或得到的珍貴。

常常疑惑，科技網路越來越發達，可是男人與女人的溝通卻越來越困難。每當坐上捷運，許多人不停的滑手機，Facebook 也讓人的社交群變得更方便了……，但這似乎沒有減少男女交往分手與夫妻結婚後離婚的機率，許多三、四十歲仍單身的男男、女女大有人在，在現實生活裡，聽到可歌可泣的愛情故事變少了，真愛無比頑強的例子也越來越少見，常常聽到愛情裡抱怨、傷心的成份居多。

因為，愛情總不會一直美好，永遠美好的愛情，有時只是一種嚮往，就像生活不會永遠如你所願，那麼，又如何冀望，你會遇到「理想情人」，而且，對你如此執著又專一呢？那麼，偶爾做做夢也好，因為，也許在地球上遇不到「理想情人」，但是外星人來到地球時，他就可能會是你的 Mr. Right 呢！

南瓜濃湯

材料：

小南瓜——1個
洋蔥——1/4個
大蒜——1瓣

材料：

鹽——少許

作法：

1. 將所有材料洗淨，洋蔥切絲、大蒜切碎。
2. 南瓜切塊，放入電鍋蒸熟，備用，待涼。
3. 起油鍋，將洋蔥與大蒜放入鍋中爆香。
4. 將作法2.與作法3.放入果汁機中，加少許水，一起攪打均勻，倒入碗中即可。

TIPS：

如果是夏天，放入冰箱取出再喝滋味佳。
如果是冬天，可以煮熱再喝。

小王子的幸福廚房

相信很多人看到南瓜，就會想到灰姑娘的童話故事。而灰姑娘因為遺失的那雙玻璃鞋讓王子費盡千辛萬苦終於找到了真愛。而現實生活裡，有多少的灰姑娘可以真正的讓她心中的王子青睞呢？又有多少的女性嚮往像都敏俊這樣的外星人成為自己的 Mr. Right 呢？

純真的小王子後悔離開了他心愛的玫瑰，那麼，你是正享受在愛情的氛圍，還是跟小王子一樣離開了或在尋覓你的真愛呢？如果是前者，希望你能和所愛人一起喝這道愛情濃湯。若是後者，一個人靜靜的喝湯，追憶愛情的流逝也是人生的另一種滋味。

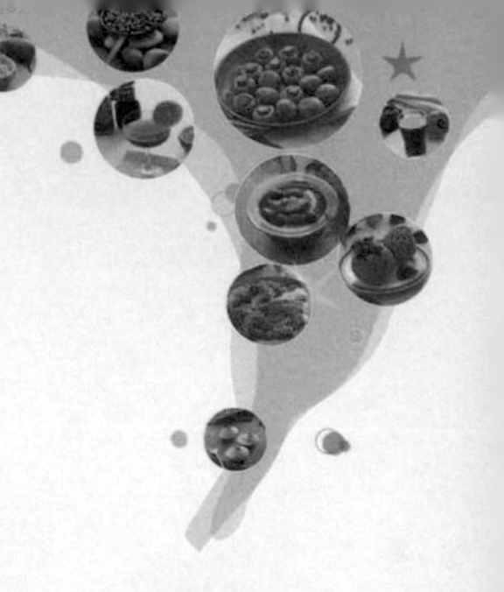

愛的燈火

夜晚，妳獨自在那盞燈下，看書。手機已經響了三次，妳都沒接。妳正思忖著，如果再響一次，要接嗎？這個已經幾乎要闖進妳心房的人，曾經誠懇卻也詼諧的說要當妳愛情的點燈人。在你們的友誼萌芽不久後，他總是妳第一個傾訴心事的對象，於是，妳就叫他點燈人了！

還未讀完的奧修、聖修伯里、莫泊桑、梅特林克在床邊一旁安安靜靜著。雖然，妳迫不及待將這些書讀完，但，好像每本書都讀得零零碎碎，一如最近的思緒。原來，妳一直被卡在那件事裡，但卻亟欲掙脫。於是，書與文字應該是妳掙脫那件事情的最佳良方。

當妳的眼睛和思緒一起和小王子遨遊到第五個星球，那第五個星球只容得下一盞路燈和一個點燈人，這個點燈人比起國王、愛慕虛榮的人、酒鬼、企業家都好，他是唯一不在乎自身利益的人，而小王子雖認為自己喜歡這個星球，但這個星球實在太小了。

打開筆記電腦，好像有一些未完的文字，在枕邊孵著，在床單上偎著。從螢幕裡抬起眼睛，開窗，一股突來的風，摑了妳一耳光似的，熱辣辣的。

近來，妳封鎖幽閉在這一方斗室，耽溺於文字慾與文字獄裡，偶爾在與世隔絕的畛域裡，形塑人際疏離的孤芳自賞之樂，有時囚在文字迷宮，自縛於情感的蛛網，但怕一不小心，就自我毀滅。

奧修的《愛》或許足以撫慰妳的心靈，尤其是那句：「愛，從來不會傷害別人，如果你感到被愛傷害，那是你內在某種非愛的品質感到受傷。」妳想著，是否太耽溺於痛苦的回憶，真愛若不會受傷，那麼，自己只是在痛苦失去的，並非領悟真愛的意

義。

那個仲秋，從奧萬大看完楓紅，你們的愛情燃至沸點，滿山紅葉瑟瑟，加上他對詩詞歌賦的深刻感懷，一種騷人離愁與歲月靜美的交疊情愫在醞釀著。

他那真誠，多半是靠宋詞，的確。妳在那愛夢的芳華歲月裡也曾吟詠過幾首詩詞，喜愛古典文學，你們遂有年年一起賞楓槭，吟詞作詩之盟誓，甚至相約來年至加拿大賞楓。

也許談不上銘心刻骨，但那三年多，和他在一起的甜美時光，令妳永生難忘。是否是一種預兆？一年前下班的晚上。妳停在紅綠燈前，看著紅色的燈影，潑灑在地上，像是一股汩汩而流的猩紅血灘，有一種不祥不安的感覺湧上心頭。

隔天，他命喪於一台巴士，當場車毀，人亡。

往後的日子裡，妳的某部分像被剜空了一般。好長一段時間，妳告訴自己，愛情已死亡，是時間慢慢沖淡，以及點燈人的出現。

手機再度響起。「妳終於接了，我以為妳最近都不會再理我了。」點燈人說。

「我想，你過去說得很對，我不應該一直躲在黑暗裡。」

「這才對嘛！首先就是要讓妳的內在發光……，然後……」

妳不否認，他漸漸讓自己發現，自己原來還有獨特的光芒。原來，點燈人一直在用他愛的燈火，照耀妳的心房。

愛的燈火

材料：

金色蘭姆酒 —— 30CC
新鮮柳橙汁 —— 30CC
新鮮鳳梨汁 —— 30CC
香檳 —— 100CC

作法：

將所有的材料一起注入雪克杯中，加入冰塊搖勻，再倒入酒杯即可飲用。

TIPS：

無論是用金色蘭姆酒或是白色蘭姆酒皆可。

小王子的幸福廚房

你（妳）是否也曾經有過刻骨銘心的感情，可是對方已經不在身旁，而既是刻骨銘心，這段感情，似乎都是沒有完成（也就是沒有幸福快樂的結局）。

就算你沒有像文中那女子有過刻骨銘心的感情又失去，你可能也受過愛的傷害，在這世上，愛的方式與問題千百萬種，無論你是因為何種愛情而傷心或失望，都不應該因為害怕而拒絕愛人或被愛。

因為害怕會讓你一直看到愛情的陰暗面，所以必須要為自己點亮一展愛的明燈，讓愛的光亮照亮心房，這杯愛的燈火，希望能點燃失戀男女心中那道還未熄滅的光芒。

小王子的幸福主食 & 輕食區

幸福的定義是什麼？

對小王子來說，幸福或許是有人理解他，

或許是和玫瑰長相廝守，或許是展開一場未知的旅程！

而你呢？你的幸福是什麼？

對我而言，幸福只要盈滿心靈的一剎那就夠了，

就像品嚐一盤可口的義大利麵，看一場好的電影，聆聽一首好歌。

現在，請你走進小王子的幸福主食與輕食區，

盡情享受 DIY 的樂趣與舌尖上的幸福！

不美好旅程的小確幸

這些年來，你可能去過許多不同的國家，尋訪大大小小的鄉鎮，你可能因此拓寬了視野，你可能記錄下了每一趟旅程的綽約風光，你可能欣然享受每趟旅行的美食與美景……，但你一定無法保證每趟旅程帶給你的美好與驚喜，旅程中必定會出現不愉快的、不美好的經歷，就如我們的人生，一定不完美，總是可能出現低潮幽谷，我們總是會為情所困，為分離而傷悲，會為工作而受挫，會為生活而庸庸碌碌……，就如小王子一樣。

小王子原本生活在 B612 星球中，他的生活原來是那樣狹小而淒涼，曾經一天看了四十三次的落日，而有一天他將自己的星球整理乾淨，傷心的向他喜愛的花朵告別後，小王子分別拜訪了幾個編號為B325、B326、B327、B328、B329、B330的小行星，這些星球裡有權威的國王、自大狂、酒鬼、精於算計的實業家、一名燈夫、地理學家，並且，也在地球上遇見了一條蛇……，小王子慧黠透澈的眼，見識到各種星球中形形色色的人、事、物，看盡「大人世界」的荒謬、虛榮、算計、愚昧，但他仍在他單純的世界裡，去體會他心中的吉光片羽，去享受他的美麗人生。

你，讀過這樣一句話嗎？「如果沒有這種小確幸，人生不過乾巴巴的沙漠而已！」這是日本作家村上春樹的名言，小確幸，意指微小而確切的幸福。村上春樹說形容他自己買內褲，把洗滌過的潔淨內褲捲折好放在抽屜中，就是一種微小而真確的幸福。於是，小確幸的氛圍感染了村上迷，也蔓延了許多城市與鄉村裡，需要這些小確幸的人們。

你是否也曾和我一樣，相信小王子正與我們分享著生命中一點小確幸，小王子拜訪那些小行星的旅程是交織著幻滅、寂寞與疑惑，他不能理解那些稀奇古怪的「大

人」，他無法苟同於國王的權威、自大狂的虛榮，他傷感於酒鬼為何要藉酒遺忘喝酒的羞愧，他不明白實業家一天到晚計算那五億多顆顆星星，而且要求要精確是否有那麼重要？……，小王子的旅程似乎是一面鏡子，在反映著千千萬萬的人們的瑕疵，也更反映著人生的苦悶與狹窄。

小王子說：「星星好美，因為在繁星間有一朵看不見的花兒！」小王子說：「就好比那朵花一樣，如果你愛上一朵長在某顆星星上的花，夜裡凝望星空都會覺得甜蜜無比，滿天的星星，都像盛開的花兒……。」

你有多久沒有抬頭仰望星星，月亮，你有多久沒有好好閱讀山光水色了呢？你有多久沒有觀察一朵雲的變化，一朵小花的盛開？你有多久沒有細細諦聽大自然的雨聲、鳥聲、水聲了呢？這些生活中看似唾手可得的小確幸，可能每一天都在我們指尖中溜過。

而狐狸告訴小王子：「只有用心靈才能看得透澈事物的精髓，光憑眼睛是看不到的！」如果我們拘泥於肉眼看每一段旅程，我們就無法用心去體會那一閃即逝，卻又盈滿生命中每分每秒的小確幸。

黑橄欖彩椒螺旋麵

材料：
義大利螺旋麵 ——— 200 公克
紅黃甜椒 ——— 各半個
紫洋蔥 ——— 1/4 個
黑橄欖、大蒜 ——— 少許

調味料：
橄欖油 ——— 少許
高湯 ——— 50CC
白酒 ——— 30CC
鹽、胡椒粉 ——— 適量

作法：
1. 煮一鍋水，放入螺旋義大利麵，再加鹽、橄欖油煮 5 ～ 10 分鐘，撈起、備用。
2. 大蒜切碎；洋蔥、紅黃椒切塊狀；黑橄欖切小片。
3. 熱鍋，加入奶油，先爆香大蒜，續加入洋蔥、甜椒、義大利麵、黑橄欖續炒，再倒入高湯、白酒拌炒均勻，最後加入鹽、胡椒調味即可。

TIPS：
這道義大利麵也可以加入個人喜愛的紅醬、白醬或青醬烹調。

小王子的幸福廚房

《小王子》這本書之所以這麼受到歡迎，應該是反映到我們人生的許多面貌，也說中了大家的心聲，小王子在告訴我們，即使人生這旅程時時有不美好、有瑕疵，但還是不要放棄人生之旅，小王子用他的行動，去感受旅程中的小確幸。

義大利麵（Pasta）在世界各地受到歡迎，而在台灣也吹起了好久的義大利麵風潮，台北的義大麵餐廳也如雨後春筍般湧現，我也算是義大利麵餐廳的常客，每次，吃到可口美味的義大利麵，就會有村上春樹說的那種「小確幸」盈滿心頭。

孤獨星球裡的微幸福

《小王子》的作者——「我」（飛行員），因為在沙哈拉沙漠發生了飛機迫降的事故，在杳無人跡的荒漠中睡著了，那時他飛機引擎故障，身邊沒有任何乘客和技師，身邊的飲用水也只足夠撐一個禮拜，就在他認為這生死交關的時刻，小王子出現了！

小王子以緩慢而懇切的語氣央求他：「拜託幫我畫一隻綿羊。」他怎麼畫也畫不出小王子想要的，於是，這使他多年不畫畫的他，感到煩惱，也因此，他敷衍小王子，隨意的畫了一個箱子，沒想到，小王子說：「這正是我想要的，因為我住的地方非常小。」

「我」就這樣孤獨的生活著，遇難的當天晚上，他覺得自己就睡在世界上最大的沙漠中，卻比大海中伏在小木筏上的遇難著要孤獨得多……。但當他發現小王子來自 B-612 小行星時，小王子成了他孤獨生活中最美麗的意外。

兩個不同星球的人，因為孤獨的碰撞，而撞擊出了微微的幸福。為什麼會如此呢？小王子明明也是孤獨的生活在小星球裡，兩個孤獨的人，豈不碰撞出更孤獨的 N 次方呢？

什麼是孤獨呢？是流浪？是心靈找不到皈依？是愛無法完整？是幸福的碎片？對小王子來說，孤獨也許是沒人能理解他在星球裡看了四十三次落日，是他離開心愛的花兒，是綿羊吃掉她心愛的花兒……。對「我」來說，孤獨是什麼呢？是那些和「我」討論政治、高爾夫、橋牌、領帶的大人們把蟒蛇吞大象看成一頂帽子，是放棄繪畫，被迫專注於地理、算數、歷史、文法……。「我」必須矯情的佯裝自己是個「堅強、懂數據、懂歷史、地理」的成熟大人，「我」必須學會不脆弱，隱藏赤子之心，隱藏真實的自己。

但小王子畢竟是個孩子，畢竟是脆弱的，他需要愛，需要朋友，需要聞聞花香，需要有人欣賞屬於他的小星星，所以，「我」開始容許自我的脆弱，卸下隱藏中的「完美卻孤獨自己」，所以，「我」藉由小王子拜訪其他星球的遊歷，也展開了一場心靈之旅，這些星球雖讓他見歷了權威的國王、自大狂、精打細算的企業家……，這些人充分表現出「大人」世界裡的偏見、傲慢、無知，卻讓他更珍惜那些大人看似微不足道的幸福，例如小王子是否與玫瑰花重逢了？綿羊有沒有吃掉了那朵玫瑰花？

每個人對幸福的定義都不同，商人可能因為今天的業績比明天好而幸福，演員可能因為站在舞台上就覺得幸福，作家可能因為寫了一本書而幸福，母親可能因為孩子的笑而幸福，嬰兒可能因為嘴上的奶嘴感到幸福……，幸福縱然如此無遠弗屆，但生活在文明都市的我們，因為功利的社會、忙碌的工作、擾攘的人際、糾葛的愛情，常常被折磨得孤獨又茫然，因為競爭，使得人人必須武裝，必須防禦，必須行使工作權力、感情權力。於是，多數的人，自成一個孤獨的星球，誰也無法進入。

孤獨，其實也可以是美好的，就像小王子帶領「我」進入了那些大人看似微不足道的幸福一樣，只要細心體會生活週遭的一切，像是一顆閃熠的星，一朵迎風搖曳的花兒，一座嶔崎磊落的山，一口甜美的水井……，這些微微的幸福，將會凝聚成大大的能量，豐盈著生命的厚度。

甜蜜瓜佐貝比貝爾起司

材料：

哈密瓜果肉 ——— 500 公克

貝比貝爾起司 ——— 500 公克

作法：

1. 哈密瓜果肉切小丁，貝比貝爾起司切小丁。
2. 作法 2 放入作法 1，放入杯中即可食用。

TIPS：

貝比貝爾起司可以在百貨公司的超市購得。

小王子的幸福廚房

甜蜜瓜佐貝比貝爾起司是讓味蕾與心胸都有著微幸福的甜點，貝比貝爾起司外型迷你可愛，很適合小娃補充鈣質食用，嚐起來有鹹味及乳香味，大人食用也有一種充滿童心的感覺。貝比貝爾起司的鹹，搭配哈密瓜甜蜜的組合，有一種美味相乘的加分效果，吃起來更有微幸福的滋味，貝比貝爾起司搭配蘋果也很不錯！

玫瑰與刺蝟的永不與永遠

你讀過《刺蝟的優雅》這部小說嗎？

如果，你看過《刺蝟的優雅》這部小說，或許更能理解，那種「永不」的意義，而你，如果失去過所愛，更會陷入一種凝固不動的哀傷……。

《刺蝟的優雅》是法國知名暢銷作家妙莉葉・巴貝里（Muriel Barbery）的小說，以兩個女主角心理狀態做鋪陳，一位是細緻優雅的門房荷妮，她的心靈密室裡藏著胡塞爾的現象學、馬勒的音樂、小津安二郎的電影、托爾斯泰的《安娜・卡列妮娜》……，但裝笨、扮醜是她的本份……。另一位是年僅十二歲的小女孩芭洛瑪，芭洛瑪，生長於富裕家庭，父親是國會議員的她，聰明才智非常人可比，而她小小年紀就已經看見政商名流的虛偽與空虛，常常需要寧靜獨處的她，被媽媽與姊姊視為神經衰弱、精神異常。她準備在十三歲當天自殺，並縱火殺了自家的豪宅。

一直到大樓住進一位退休的高級音響日本代理商小津先生，似乎瓦解了她們外在像刺蝟一樣的尖銳外表，並揭開了她們孤獨、逃避，卻又脆弱、柔軟的內心，並重新點燃了她們對生命意義的追求……。

小說寫到最後，荷妮的死去，讓芭洛瑪痛徹心扉，決定不自殺了，在「永不」裡體會「永遠」，好好體會人間的美。

這兩位女子，擁有刺蝟的特性，細緻、敏感，卻喜歡武裝自己的特性，似是小王子裡那朵看來驕傲，卻脆弱的玫瑰。

「你懂的——我的花……，我必須要對她負責。而她是如此脆弱，如此天真！她只有四根刺，要用來保護自己，而抵抗世界，是一點也派不上用場的……。」小王子這麼說。

只不過那刺蝟是努力裝笨裝醜來保護自己，而玫瑰卻是絲毫不掩飾她的美麗，高調的展現她的風情萬種。

小王子曾經忍不住讚美花兒：「哇！妳太漂亮了！」

「可不是嗎？」那朵花嬌滴滴的回答：「我是在陽光升起時誕生的……」

無論是刺蝟低調的優雅還是玫瑰高調的美麗，總有著內心脆弱，渴望被愛被關懷的一致性。

「再見！」小王子對那朵花兒說。

當小王子最後一次對花澆水，替她蓋上玻璃罩，要離開她時，幾乎快掉下眼淚，然而花兒只是咳咳嗽告訴他，冷風對於她並不是那麼糟，而且她再度張揚身上的四根刺，告訴小王子說，她有爪子。

「別那麼遲疑了，你都下決心要走了，現在就走吧！」玫瑰花是如此驕傲而倔強，她不想讓小王子看到她在哭泣。

你是否曾意識到，當我們跟所愛的人、事、物，「永不」能再見時，那種無邊無際的墜落感，又或者，你曾經衷心的盼望，和喜愛的人、事、物能一起廝守到地老，天荒，幸福永恆的輕盈感。

「永不」似是生命裡美好事物的死亡與終結，「永遠」卻是一種看不見盡頭的延續。「永不」容易擊破脆弱的心，卻也能激發心中那份柔軟又有延展性的美。永遠是幸福的祈禱詞，它該是一種主觀的心靈感受，永遠太遙遠，也太教人嚮往。因為遙遠，所以更要追尋，但永遠無法丈量，或許，只要盈滿一剎那的幸福，就是一種永遠。

玫瑰義大利奶凍

材料：
鮮奶 ———————— 300CC
吉利丁 ———— 8～10 公克
玫瑰花 ———————— 5 少許

調味料：
糖 ———————— 35 公克

作法：

1. 將鮮奶加熱煮沸，熄火。再加入玫瑰花，待 10 分鐘，取出花朵，部分花瓣留著備用。
2. 作法 1 的牛奶加入糖與吉利丁，用小火加熱，一邊用湯匙拌勻至溶化。
3. 再將花瓣加入牛奶中拌勻，注入容器內，放入冰箱中冷藏，扣出即可食用。

TIPS：
吉利丁又稱魚膠，是一種從動物的骨頭或結締組織提煉出來的透明膠質，原料行都有在賣，若沒有吉利丁也可用洋菜粉代替。

小王子的幸福廚房

相信很多女性都和我一樣，喜歡吃軟軟 QQ 的果凍，這道是簡易型的玫瑰義大利奶凍，做起來方便簡單，又可以依自己的喜好增減玫瑰與糖量，讓你享受美麗健康沒有負擔。

市面上果凍吃多了，難免不安心，怕有增加人工添加劑的疑慮。而這道玫瑰義大利奶凍，可以用天然玫瑰的香氣與奶香混合，玫瑰既有理氣解鬱又有活血調經的功效，很適合女性食用。

房子很小，心比沙漠還遼闊

「這是裝羊的盒子，你要的羊就在盒子裡面。」小王子裡的飛行員，因為畫不出小王子理想中的羊，就隨便畫了一個盒子，沒想到，小王子露出喜悅的神色說：「這就是我要的畫。」

飛行員建議畫條繩子給小王子栓羊，他憂傷的拒絕了，說他的星球非常小。小王子的星球有多小呢？那是一個 B612 的小行星，比房屋大不了多少的星球。

許多年後，你還是獨自生活在一個窄仄的，不到十坪大的空間裡。那是你的小行星。你獨自在小行星裡，拚命的以畫療傷，一個人不停畫著，畫著插畫、水彩、油畫⋯⋯。

在這世上，你所能依靠仰賴的，真的不多了。自從被診斷是大腸癌末期，你的情緒像一座隨時要傾塌的危樓，隨時都有崩壞的可能。你不解，才三十九歲，怎麼就接近了死亡之路。於是，你以畫筆為磚，企圖在心裡重新建構一座強大的堡壘，救贖自己，療癒自己。

這是一條多麼漫長而顛簸的路啊！苦難的童年逼迫你成長。你對父親的臉是那樣模糊，在四歲那年，母親只淡淡的說了聲父親生病去天堂了，你小小的心靈還沒來得及體會死亡。某天醒來，發現自己睡在孤兒院，母親已不告而別。

已經習慣一個人孤軍奮鬥了，和寂寞對抗，和殘酷的現實對抗。而今，又得和疾病對抗，而愛情，更是抓不住的流沙，一轉眼就隨風而逝。

多年來，你的心裡總有個裂縫和缺口。於是，你很努力的縫補起。因為體會過人情冷暖，你也隨時處於一種心門緊閉，防禦的狀態。唯有繪畫與旅行，是你心靈最佳的療癒師。

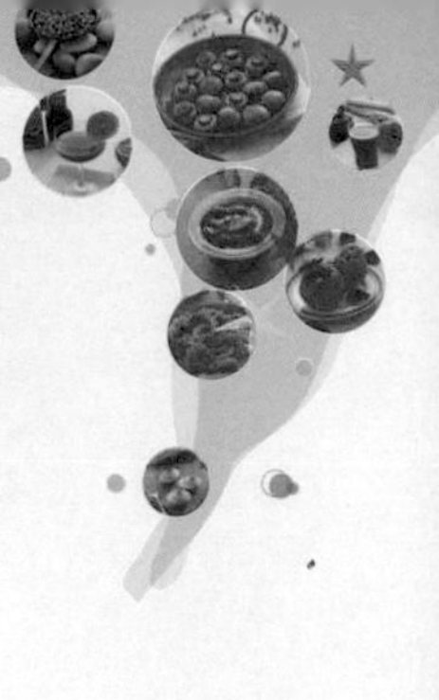

你曾獨自背著行李，走過法國、希臘、上海、尼泊爾、曼谷、首爾、峇里島……，就算生活再困頓，也抑遏不了旅行的想望。你靠著幫出版社畫插畫，在畫廊教畫維生，日子過得並不優渥，心靈卻很富有。

得知自己生病後，你遵從醫師的指示，定期回醫院接受化療。儘管不能再像往常一樣到遠方旅行，你仍期待，有一天，可以去那撒哈拉沙漠，體驗那可可色的沙漠風情。

雖然，癌細胞阻礙了你四處旅行，卻讓你繪畫的細胞顯得更活躍。

你畫一朵在深夜開啟的曇花，努力捕捉那美妙的一瞬間。

你畫坐在推車中嬰兒的微笑，返回人生中最純真的片刻。

你畫海洋中的一葉扁舟，感受生命的渺小與海洋無限的包容。

你畫那滾滾如金黃波浪的沙漠，努力去彩繪未完成的夢想。

你的畫擺滿了整個屋子，只留下可行走的空間。因為朋友不多，偶有一兩個藝文界的好友來探望你，對你的行徑也見怪不怪。

這天，來了一位在詩壇頗有地位的詩人，他和你並不熟識，你們算是彼此仰慕已久。你看他望著你的畫許久不語。你有些不好意思的拿出一張椅子說：「抱歉啊！房子這麼小，只能讓你的坐這裡了。」

「你房子雖小，但心比沙漠遼闊呢！」詩人這麼說。

咖啡奶凍

材料：

咖啡粉 —— 30 公克
沸水 —— 600CC
吉利丁 —— 15 公克
鮮奶 —— 100CC

調味料：

糖 —— 30 公克

作法：

1. 先用 600CC 的沸水將咖啡沖好，加入已經混合均勻的糖、吉利丁，並攪拌，融化。
2. 作法 1 倒入喜愛的模型中，移至冰箱冷藏。
3. 食用時，可以在咖啡凍上面淋上鮮奶即可食用。

TIPS：

如果家裡有奶泡機，可以將鮮奶加溫至 50℃，用奶泡機打至泡泡綿密淋在咖啡凍上面口感更佳。

小王子的幸福廚房

朋友告訴我，很少聽喜歡寫作的人不喝咖啡。他說這句話是在告訴我，喝咖啡可以增加寫作靈感，由於個性敏感，容易失眠，從來不曾和酗咖啡畫上等號，但喜歡咖啡的香味，喜歡咖啡所鋪陳出的氛圍，也喜歡咖啡給人帶來的生活品味。

小王子裡提到沙漠的美麗，是因為藏著一口井。沙漠如果要聯想到飲食，會因為顏色而令我聯想到咖啡粉、可可粉、肉桂粉，而咖啡分布在世界各地的版圖如此遼闊，就如沙漠一望無際，喝咖啡如能讓人眼界與心胸更遼闊，那未嘗也不是一種幸福？

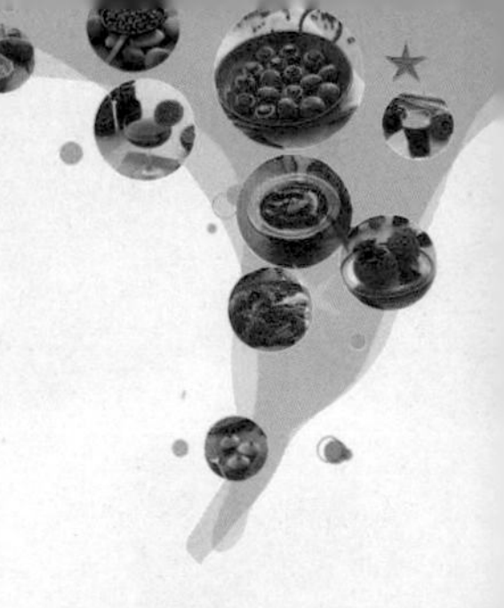

沒有地圖的旅行

從小，你就不是功課特別好的學生，唯有英文與地理，是你最拿手的科目，尤其是地理，幫助你在大學聯考時，挨上國立大學的邊。這讓正憂愁你學費的母親減輕了不少負擔，因為從小在單親家庭長大，使你特別早熟，卻也敏感，你討厭父親的自私、不告而別。

為了出路，你選擇了外文系。大學不用再讀地理，你卻依舊有看地圖的習慣，你的手裡常常拿著一張地圖，或是上網研究世界各國的城市、鄉鎮。後來，你喜歡到處在城市與大大小小的鄉鎮閒逛，然後繪製你的地圖。一直到大二那年，你忽然覺得，你就像《小王子》裡那個地理學家一樣，常常在研究各國的城市、河流、大海、山脈，可是，你卻是哪裡也沒去過，應該是說，你從沒出國見識過。

從此，你篤信西方哲學家奧古斯丁說的那句話：「世界是一本書，不旅行的人，只讀了一頁。」那也是曾經愛過你，卻棄你而去的大學女友最愛的一句話，她說她討厭你的貧窮與狹隘的視野，大學畢業後，她去倫敦留學，就注定了你們的分離。為了證明自己，你在台灣工作了兩年，就攢足了一點旅費，去澳洲打工，除了療情傷，也培養了你更勇敢追求夢想的勇氣與開闊的視野，於是，旅行讓你重拾對人生的熱情與充盈的幸福感。

從此，無論工作再忙、再累，無論你手邊是否有優渥的旅費，你總是先想起，先累積旅行的存摺再說。你開始展開一次次的自助旅行，雖然，每次的旅行不一定都是美好的回憶，也無力去像那些旅遊雜誌說的，體驗什麼杜拜、歐洲的奢華之旅，但你品嚐過風華絕代的夜上海、如詩如畫的桂林山水、千姿百媚的曼谷、古老神祕的吳哥窟、傳統與時尚兼具的首爾……。

三十五歲那年，你總算圓了去法國的夢。這個你一直想去，卻從未去成的國家。你不想跟團，但畢竟從沒去過歐洲，就想，找個伴吧！並且，你蒐遍書局與圖書館有關法國的書，心裡正計劃、盤算著，應該如何去呢？找了幾個月，好友多以工作、家庭為理由而拒絕了，你正打算一個人前行，想著，該帶的書、地圖都帶了，而且，曾經學了一點法文，應該管用吧！

就在此時，你曾經在臉書上認識的一位業餘作家，偶爾和你閒聊起，說他曾經來回法國十多次，最近也正想放鬆，就這樣，不怎麼熟識的你們，就一起展開了這場法國之旅。

你們都喜歡南法，所以決定先不去巴黎，先去普羅旺斯。業餘作家說要你放下手中的地圖，跟著他走就對了！他說那些薰衣草、向日葵花田、橄欖樹、葡萄園已經不能滿足他了，他此行，純粹療情傷。後來問起，才知道他不是他想像中只靠寫作維生的作家，才四十六歲年紀，就已經是某大集團的 CEO，剛離婚。

走在薰衣草大道，CEO 很知性的跟你介紹彼得．梅爾的《山居歲月》這本書，並且又帶你到尼斯體驗夏卡爾、馬諦斯美術館……，他說他的商業頭腦是天生的，但關心藝文是四十歲以後才培養的興趣，為了親愛的老婆，但她仍以他事業心太重、沙文主義為由跟他離婚。最近，他發現正值青春期的叛逆兒子跟他的關係更是疏離。

「也許我曾經太自私了，老婆說我只愛自己。」CEO 說。

「那麼，學習愛吧！你要我放下地圖，我可以感覺你用心在旅行，就像聖修伯里的《小王子》說的：『真正重要的事，用眼睛是看不見的，要用心』。」

「說的真好，這趟旅行，讓我覺得，自己想用心去感受愛。」你遞出了《愛德華的神奇旅行》，告訴 CEO 說：「這本書因為韓劇〈來自星星的你〉而聲名大噪，本來我想藉這趟旅行閒暇之餘看，我看這趟旅行，你非常適合看這本書。」

愛德華原本是一隻只愛自己的兔子，在不斷前進的旅行中思索愛的意義。你想，這是一趟你首次放下手中地圖的旅行，卻也是一趟出乎意料，和 CEO 一起思索人生、思索愛的旅程。

普羅旺斯香草烤雞腿

材料：
雞腿 —————————— 1 支
乾檸檬草、薰衣草 ——— 少許
新鮮迷迭香 ————— 少許

調味料：
無鹽奶油 ———— 15 公克
白酒、檸檬汁 —— 各 15C.C.
鹽 ——————— 少許

作法：
1. 新鮮迷迭香洗淨、瀝乾。
2. 雞腿洗淨、瀝乾，淋點白酒，再依序抹上鹽、乾檸檬草、薰衣草，冷藏醃約 3 小時入味。
3. 將醃入味的雞腿取出，塗刷一層奶油，放上烤盤，並放上檸檬草、薰衣草、迷迭香，放入烤箱用 180℃烤約 15 ～ 25 分鐘，烤至表皮呈現金黃色。
4. 雞腿待涼，淋點檸檬汁即可食用。

TIPS：
這些香草味道都比較濃，如不習慣，也可以選用一般的義大利香料或是羅勒、巴西利（荷蘭芹）皆可。

小王子的幸福廚房

普羅旺斯，你除了葡萄園、向日葵花田、橄欖樹，你還想到什麼呢？相信很多人都跟我一樣，想到了普羅旺斯的香草吧！

香草的熱潮從歐洲吹到台灣來，已經有十多年了！這幾年，看到許多歐美餐廳都喜歡以香草入菜，這道普羅旺斯香草烤雞腿，是常見又受歡迎的料理，尤其喜歡香草的你，吃了必定會吮指回味，香草烤雞腿的作法其實不難，只要幾個步驟就香噴噴的香草烤雞腿就完成了。

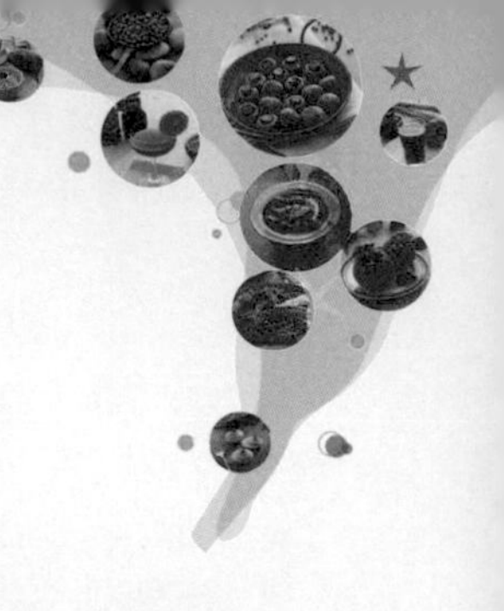

蘑菇先生的喧嘩與孤獨

小王子一旦提出問題，就會打破砂鍋問到底，但飛行員正要把一個太緊的螺絲從引擎上卸下來，他就隨便敷衍小王子。

「好了，好了，就當我什麼也沒說，我剛剛只是隨口說說的，你沒看見我正在忙嗎？我有正經事要做。」

「正經事？」小王子無法理解，把話重複一遍。後來，她嘟著嘴說：「你和那些大人沒什麼兩樣！」

小王子看起來非常生氣，微風吹過他麥金色的頭髮，而他的聲音顯得顫抖。

「你知道嗎？我曾經到過一個星球，上面住著一個紅臉先生。他從來沒聞過花香，也沒看過星星，什麼人他都不喜歡。他這一生沒做過什麼大事，只會不停的算數，他和你一樣總是在說：『我有正經事要做，我是一個認真的人！』他看起來很驕傲，但我覺得他根本就像一個蘑菇！」

「一個什麼？」我好奇地追問。

「蘑菇。」

在這城市一隅，也有個蘑菇先生，這是女兒幫他取的。

蘑菇先生不停忙碌著。早上六點五十醒來，七點二十在捷運上，還要忙著閱讀報紙，汲取新知，中午除了吃飯幾乎沒休息，晚上忙到約十點，睡前再想明天的企畫，常常一天就過了。

有時，女兒要她講睡前故事，他總是說：「爸爸好累喔！」晚上，當他想著這個月的業績時，女兒又跑過來撒嬌說：「爸拔，你上次不是說要帶我去迪士尼樂園嗎？」「等年底比較有空的時候！」「爸拔，你已經積欠我兩年了，我不管啦！」「別吵！

爸拔有正經事要做。」這時，媽媽也來勸女兒不要吵爸爸。但女兒卻拋下了這麼一句：「你和小王子裡說的蘑菇沒什麼兩樣！」

因為沒時間陪女兒，也自嘲是蘑菇先生。多年來，蘑菇先生在大公司一路升遷，深得總經理器重。尤其最近，蘑菇先生的某企畫案，讓公司下半年業績持續長紅，地位幾乎凌駕總經理了，公司許多重要的會議他都比必須出面。而他，平時有寫文章的習慣。某知名雜誌社不但幫他開闢財經專欄，甚至有出版社找他出書，更使他聲名大噪。

不過，蘑菇先生的健康卻出了問題，他發現自己持續腰痛很久了，經過健康檢查才知道腎臟長了十公分的腫瘤。

為此，醫師建議切除，幸好無大礙，蘑菇先生也因為這次的手術，讓總經理體諒他，放了他一次長假。

蘑菇先生於是實現他的承諾，帶妻女到國外度假，先是香港，再來是巴黎，可是在國外妻子喋喋不休，女兒哭鬧，讓他身心俱疲。回到台灣，他還是想度假。

這天，蘑菇先生帶著妻女到某農莊度假。於是，他選擇了妻女都還在酣睡的清早，他拿了一本書，想要享受這那怕是只有一、二個小時的獨處，他覺得這是至高無上的幸福。

但他竟遇到某大報社的記者，記者表示他也來這裡散心。不過，沒多久卻很熱絡的來與他談論他的專欄，並遞出名片……，他想要獨處的幸福就被他破壞了。

記者表示希望他出面，來談談養生保健的心得，蘑菇先生一開始拒絕，後來還是答應了。

橄欖油椒鹽蘑菇

材料：
蘑菇 —— 100 公克
橄欖油 —— 2 大匙

調味料：
鹽、粗粒胡椒粉 —— 適量

作法：
1. 蘑菇洗淨，切片。
2. 取一鍋子，倒入橄欖油，用中小火熱鍋。
3. 將蘑菇平均分布於鍋中，煎 2 ～ 3 分鐘。
4. 放入粗粒黑胡椒，海鹽，攪拌均勻即可起鍋。

TIPS：
蘑菇盡量買新鮮的，如果要買罐裝，一般大型超市或大賣場都有在賣。

小王子的幸福廚房

小王子裡的蘑菇先生是個自認為整天忙著正經事，卻從不關心愛與幸福的價值。而文中的蘑菇先生一開始迷失名利、地位的追求中，直到生病讓他體悟休息與孤獨的幸福，但人一旦依賴功名與掌聲，就很難全身而退，一旦成為工作狂，要片刻的休息都感到奢侈。

蘑菇先生渴望遠離塵喧擾的孤獨，又無法拒絕追求功成名就的喧嘩，究竟哪一條路才是幸福？這大概是許多人心中一個很矛盾又難解的問題，也是難解的一個課題了。

世界上獨一無二的存在

當小王子遇到了狐狸，要求狐狸和他玩，狐狸卻回答：「我不能和你玩，我還沒有被馴養。」過了一會兒，小王子問道：「什麼是『馴養』？」

「那是被人類遺忘的事情……，就是『建立關係』的意思？」

「建立關係？」

「是的，對我來說，你和其他的小孩沒什麼兩樣，因此，我並不需要你。對你來說，我也只不過是一隻普通的狐狸。但是，如果你來馴養我的話，我們就成了互相需要的關係。對我而言，你是世界上獨一無二的存在。對你而言，我也是世界上獨一無二的存在。」

什麼是獨一無二的存在呢？每對父母都會視自己的孩子是世界上獨一無二的存在，

而摯愛的父母也是世界上獨一無二的存在。當一對戀人愛到深處時，都會視對方是唯一，那也是獨一無二的存在，這其中或許就是狐狸說的馴養關係，一種彼此共生，又相互依賴的關係。

世界上獨一無二的存在，讓人想起李安的電影《少年PI的奇幻漂流》（Life of Pi），少年Pi獨自在太平洋上與孟加拉虎（理查・帕克）同船而撐過二百二十七天的冒險患難歷程。

少年Pi一家人在船難中死去，只有Pi和斑馬、猩猩、鬣狗上了救生艇。Pi開始要面臨活下去的考驗，他親眼目睹柔弱的斑馬與充滿母性的猩猩被鬣狗咬死，而暈船的老虎（理查・帕克）在最後一刻咬死了鬣狗。

從此，少年Pi除了要面臨在海上漂流的厄運，還要面對一隻隨時會把他當食物的孟加拉虎理查・帕克……，因為從此就要與孟加拉虎理查・帕克共生存，反而因為對理查・帕克的恐懼，讓少年Pi找到生存下去的強烈目標。

少年Pi從一個父母疼愛的孩子，變成一個在海上漂流，完全找不到任何依傍與救援的孤兒，還得面對一隻虎視眈眈的孟加拉虎。於是，聰明而冷靜的少年Pi，在度過許多飢餓、恐懼、痛苦、失意、近乎崩潰的情緒下，終於成功掌握了老虎理查・帕克的心理，少年Pi想，也許老虎（理查・帕克）不能被馴服，但牠可以被訓練。

少年Pi藉著餵飽老虎（理查・帕克），並敏銳而機智的掌握牠的習性，讓老虎（理查・帕克）為了活下去已經養成依賴他的習慣，在海上，少年Pi成了老虎生存下去的獨一無二的伙伴，而老虎（理查・帕克）更激起他生存的鬥志與希望。

狐狸告訴小王子若馴養牠，他們將是彼此獨一無二的存在，而少年Pi和老虎理查・帕克在海上漂流的二百二十七天，何嘗不是彼此獨一無二的存在呢？

獨一無二的存在感，常是至高無上的幸福感，卻也是徹底傷心痛苦的根源。狐狸告訴小王子說：「如果有一頭金髮的你，來馴養我的話，那是多麼美妙的一件事！如此一來，每當我看到如波浪的金黃色麥田時，就會想起你，而我也會變得喜歡聆聽風吹過麥田的聲音。」於是，小王子馴養了這隻狐狸。每當小王子到了要離開的時間，狐狸就會說：「啊！我要哭了。」而少年 Pi 漂浮到岸上終於被解救後，他痛苦的流下眼淚，認為老虎（理查．帕克）得救之後，竟頭也不回的走了，他不相信曾經與牠共患難的理查．帕克最終還是這麼無情的離開他了。

世界上獨一無二的存在感，是彼此關係的依賴，卻也需要讓彼此樹立更強大的信念，因為種信念一旦崩潰瓦解，就是脆弱與痛苦的開端！要想諦造這種幸福的小宇宙，要有堅持到底的信念與毅力，卻更要培養一顆容易釋懷的心。

香濃馬鈴薯泥

材料：

馬鈴薯 —— 2個
奶油 —— 30公克
鮮奶油 —— 50CC

調味料：

鹽 —— 少許

作法：

1. 將奶油置於鍋中，並隔水加熱。
2. 馬鈴薯切片，放入滾水中煮10～20分鐘，或放入電鍋中蒸熟。
3. 將馬鈴薯、奶油、鮮奶油放一個大碗中，用湯匙或研磨器把馬鈴薯搗成泥。
4. 作法3放入模具中，將馬鈴薯泥塑成喜愛的形狀即可。

TIPS：

如果喜歡呈現金黃色的感覺，也可以加點蛋黃，視覺和味覺都有不同的感受。

小王子的幸福廚房

馬鈴薯也是地中海料理中常見的食材，一顆小小的馬鈴薯，不只可以當作主食，還符合「高纖、抗氧化」的特性。馬鈴薯除了可以增加飽足感，也具有一般蔬菜能美容養顏、抗癌的優點。金黃馬鈴薯泥，口感香濃順滑，方便於咀嚼功能較差的老人及小孩，是老少咸宜的點心，而愛美的少女吃了也有滋潤皮膚的功效。

我在想，少年Pi長期漂流海上只吃餅乾跟魚一定很缺乏維生素與纖維質吧！如果能有些馬鈴薯在船上，不只可以當主食（補充澱粉），也可以當蔬菜（補充纖維素），真希望少年Pi能吃到這道香濃馬鈴薯泥呢！

天上的星星是鑽石還是石頭？

小王子對飛行員說：「星星對於每個人而言，都有不同的意義，對旅行者而言，星星是嚮導，對某些人而言，只不過是小小的亮光，對學者而言，是可以研究的對象，對我所遇過的那位企業家而言，星星是黃金。而星星呢？它們將永遠保持沉默，你所擁有的星星，將是獨一無二的。」

星星對於每個人的確有不同的意義，對你而言，星星是什麼呢？如果，你是個表演工作者，天上的星星或許代表你成名的美夢；如果，你是個熱戀中的人，天上的星星或許代表戀人的眼睛；如果，你是個物質生活很貧窮的人，天上的星星或許代表你的鑽石……，無論，星星對你的意義是什麼，對著星星許願的人，大多都是希望得到幸福。

曾聽過這樣一個故事，有一位青年隔天要去參加一場盛大的宴會，由於過於興奮以致輾轉難眠，便起床到外頭散步，這青走到半路突然被一袋東西給絆倒了。這青年想：「是誰這麼沒公德心把袋子放在這裡！」隨手將袋子撿起。

於是，他繼續夜遊散步往前行，不知不覺走到湖邊，年青人眼望著夜間美麗的湖畔景色坐下來，又看著天邊幾顆繁星，耀眼如鑽石，良辰美景的當下，他更不想回去睡覺了。青年一邊好奇將手中袋子打開，在陰暗中摸到袋裡感覺是一些細小的石頭，於是，他順手取出小石頭，慢慢的往湖裡丟。

就在青年取出最後一顆石頭，正準備站起來將它投進湖中要離開的剎那！此時東方露出一道黎明曙光，投射在年青人手中的這顆石頭，石頭耀眼的發出光芒，幾乎令他睜不開眼睛，他再仔細研究那顆石頭，發現自己握在手中的，並不是石頭，而是鑽石啊！

任何事物，從不同的角度來看，都可能呈現不同的價值。而人生的價值也未嘗不是如此呢？我們可能只要一忽略，就會錯過很多珍貴美好的事物，或是，並不知道，原來，手中曾經掌握著這麼美好的事物。

記得曾經讀過莫泊桑的短篇小說《脂肪球》（法語：Boule de Suif），是寫普法戰爭時，普魯士軍隊大舉進攻巴黎後，被敵軍佔領下的盧昂（Rouen）十名居民出逃到法軍還據守著的勒阿弗爾港（Le Havre）的故事。

主角是一個長得圓圓潤潤，綽號叫羊脂球的妓女，她和民主黨愛國人士夫婦及兩個修女等上流社會人士一起坐上一台馬車逃亡，善良的羊脂球帶了很多食物上車，其實夠她吃上許多天，但她還是慷慨的請大家吃。

那台馬車在行經中途被一名普軍軍官扣留，他要求只要羊脂球陪他睡一覺，就可以放了大家。然而，那些自以為是上流社會的達官貴人對她好言相勸，並用華麗讚美的言詞稱讚她。羊脂球為了解救大家，不得已做出了這樣的犧牲，但這些人達成目的後，他們又顯現對羊脂球唾棄、嘲笑、鄙視的心態。

人生的價值與幸福有時亦不能用外表和身分來做標準，就像自以為是的上流社會的達官貴人、修女，顯現出人性「金玉其外，敗絮其中」的醜惡，許多人出門就是名車、戴名錶，身上戴的是華麗的珠寶鑽石，卻總表現人性自私、偽善的一面。

如果，你是一個善良，能珍惜自己的人生價值，能堅持自己夢想，並勇於付諸實現的人，又何嘗需要擔心，天上的星星，不會變成你眼中的鑽石？

迷迭香橄欖油鷹嘴豆

材料：

鷹嘴豆 —— 200公克

新鮮迷迭香 —— 2支

蒜片 —— 少許

調味料：

橄欖油 —— 5大匙

鹽、黑胡椒 —— 少許

作法：

1. 鷹嘴豆前一晚先用水浸泡，讓鷹嘴豆吸收水分，並且倒除浸泡的水。
2. 作法1重準備一鍋清水，先用大火煮沸，並且再用小火煮2個小時，至鷹嘴豆熟爛，撈起，瀝乾。
3. 將蒜頭、新鮮迷迭香、橄欖油用小火煮10分鐘，不要使溫度超過100℃，以免讓橄欖油變質。
4. 作法2混入作法3當中，再加入鹽、胡椒粉混勻即可。

TIPS：

鷹嘴豆可以和其他蔬菜拌炒，或是加進義大利麵一起炒也別有風味喔！

小王子的幸福廚房

鷹嘴豆又名雞豆和雞心豆，是印度和巴基斯坦的重要的蔬菜之一，在歐洲食用鷹嘴豆也十分普遍，和黃豆一樣具有豐富的蛋白質，又有降血脂、降血壓的特點，它吃起來的口感也不遜色於黃豆呢！

鷹嘴豆一小顆一小顆的像一粒粒雕琢過的璞石，鷹嘴豆口感十足，價格也不貴，是營養健康的好食物，若說健康即是財富，那麼鷹嘴豆就可以當作窮人的鑽石了！

對自己的玫瑰負責

「你為你的玫瑰所花費的時間，使你的玫瑰顯得重要！」狐狸說。

「我為我玫瑰花費的時間……」為了記住，小王子說。

「人們忘掉了這個真理。」狐狸說：「可是你不該忘掉，你要永遠為你所馴養的負起責任，你對你的玫瑰負有責任……」

「我對我的玫瑰負有責任……」為了記住，小王子重複這麼說。

才四十二歲的你，事業已經如日中天。為了事業，你成了空中飛人，經常奔波於世界各國，你背後有個溫柔可人的妻，總是默默的支持著你，你也在百忙之中，盡量和妻一起度過小小的幸福時光。

你的事業、家庭常是眾人所欽羨的。但最近，你發現自己身體的健康出了問題。你發現自己的腳趾腫得跟香腸一樣，痛得無法走路，經醫師診斷，是急性痛風。自從痛風發作以後，你像隻被拴住的老虎，醫師、妻子要你工作減量，也嚴格控制飲食，你感到除了要忍受肉體的疼痛，還要承受精神上的折磨，已經習慣工作滿檔、飲食豐富的你，實在很難接受這樣的情況。

而妻說，自從你身體起了警訊，在家裡的時間變多了，讓她更有時間可以照顧你，這是她美麗的承擔。於是，你以「健康就是財富」及「為所愛的人負責」這兩個理念，才慢慢的調整了心態。

妻子是聖修伯里的粉絲，最近她在讀《夜間飛行》這本書，一有空就和你分享，她說，這本書她很早就讀過了，只是裡面有太多內涵，你需要理解。

《夜間飛行》裡曾說：「疾病帶來了某些啟示，像是替我們打開幾扇窗。」疾病的確給他一些啟示，告訴他人生不是只有征服，只有站在高處，有時，在低處享受平

凡而悠緩的生活，那也是一種享受。

《夜間飛行》裡曾經描述一段故事讓你感動：「駕駛員的妻子被電話吵醒後，她不忍叫醒丈夫，希望他可以再睡一會兒……她凝視著那雙結實的胳臂；一小時後，那雙胳臂將負起歐洲號郵機的命運，將負起某種偉大的責任，比如說，一個城市的命運。」

你的妻子也曾經這麼跟你說過：「每當你要遠離這個城市，要起飛時，總讓我想起，你為了征服而必須要放棄的一些事物，例如和平凡夫妻一樣的常常相聚，和市井小民一樣求得舒緩悠閒的生活。」

但你也曾跟妻這麼說過：「幸福是一種巨大責任的承擔，我的工作不是只為我們倆人帶來幸福，也是我底下五百位員工的幸福！」

於是，妻就這麼體諒了你十多年，她總是說：如果能對社會負起一些責任，也就是對她負起責任。

「我對我的玫瑰負有責任……」你總是想起小王子再一次重複的這句話，於是每當飛機起飛，每當離開，你總是再一次的提醒自己。

玫瑰花瓣蒸鱈魚

材料：

鱈魚——1片
玫瑰花——10朵
薑——1小塊

調味料：

白酒——1大匙
鹽——半小匙

作法：

1. 鱈魚洗淨、瀝乾，放在盤子上；薑切片。
2. 鱈魚抹鹽、淋上白酒，再鋪上薑片，再撒上玫瑰花瓣。
3. 作法2放入蒸籠中，用中火蒸約8分鐘即可。

TIPS：

玫瑰花要盡量選擇原料行或是大賣場販售的食用玫瑰，不宜買花店觀賞的玫瑰花。

小王子的幸福廚房

玫瑰幾乎可以說是「花中之王」，用玫瑰來表達浪漫的愛意，更是最貼切不過了，而玫瑰應用在日常生活上與料理上，都處處可見，但用玫瑰花來蒸魚，是否比較少見呢？

玫瑰花瓣蒸鱈魚是一道創意料理，卻也符合「低鹽、低油脂、簡單、清淡」的地中海式飲食特點，「地中海式飲食」是比較常選用魚類，並且少選擇乳製品、紅肉，因為魚類含DHA與EPA，可以預防血栓，降低心血管疾病的風險。

玫瑰花瓣蒸鱈魚簡單易學，無油煙的困擾，愛美怕胖的女生最適合，而且這道菜不但可口，還很適合表達愛意，在特別的日子裡，若是為心愛的人下廚，不妨試試這道玫瑰花瓣蒸鱈魚。

國家圖書館出版品預行編目(CIP)資料

小王子的幸福餐桌 / 李馥著 . -- 初版 . -- 臺北市 : 奇異果文創 , 2014.06

面； 公分 . --（好生活；2）

ISBN 978-986-90227-6-7(平裝)

1. 生活指導 2. 幸福 3. 食譜

177.2 103009883

好生活 002

小王子的幸福餐桌

作者：李馥

攝影：廖家威
美術設計：Johnson

總編輯：廖之韻
創意總監：劉定綱
行銷企劃：宋琇涵

法律顧問：林傳哲律師 / 昱昌律師事務所

出版：奇異果文創事業有限公司
地址：台北市大安區羅斯福路三段 193 號 7 樓
電話：（02）23684068
傳真：（02）23685303
網址：https://www.facebook.com/kiwifruitstudio
電子信箱：yun2305@ms61.hinet.net

總經銷：紅螞蟻圖書有限公司
地址：台北市內湖區舊宗路二段 121 巷 19 號
電話：（02）27953656
傳真：（02）27954100
網址：http://www.e-redant.com

印刷：永光彩色印刷股份有限公司
地址：新北市中和區建三路 9 號
電話：（02）22237072

初版：2014 年 6 月 12 日
ISBN：978-986-90227-6-7
定價：新台幣 350 元

奇異果
文創
奇思異想之果
溫柔革命閱讀

奇異果文創
奇思異想之果
溫柔革命閱讀